마라톤 힐링, 삶을 바꾸다

마라톤을 통한 의식계발서

마라톤 힐링, 삶을 바꾸다

이 병 윤 지음

이서원

개는 배가 고프지 않아도 달린다.
개들은 사냥 자체에서 즐거움을 찾기 때문이다.
그러나 대개의 원시적 동물들은 배가 고파야 사냥에 나선다.

그 점이 고등동물과 하등동물의 차이이다.
고양이는 인간이나 개처럼 사회적으로 동기를 부여 받지 않는다.
고양이는 우리가 아무리 달리기 트랙을 돌도록 연습을 시켜도
개처럼 먼 거리를 달리지 않는다.

- 〈베른트 하인리히〉의 '우리는 왜 달리는가'에서 -

그대 머리가 당구공처럼 무거운가?
그대 생각이 거미줄처럼 복잡한가?
그럴 땐 밖에 나와 달리기를 해보라.
간편한 운동복 차림으로 나와서 어디든 달려도 좋다.
강변을 달리든, 산길을 달리든.
빨리 달리든, 천천히 달리든.
일단 달려보라.
달리기가 무겁고 복잡한 머리를 가볍고 맑게 해 줄 것이다.

극한 스포츠는 대개 일정 기간 훈련에 정성을 기울이면 그 동안 자신을 지배했던 나약한 현실은 쓰레기더미 속에 던져진다. 그리고 그 자리에 상상과 신화의 세계가 펼쳐진다.

마라톤 완주든, '서브-3'든, 그것은 종래에는 보통사람들의 인생과는 무관한 것이었다. 문명의 이기가 발달할수록 달리는 행위는 우리 생활과 동떨어지게 된다.

그랬던 우리가 어느 순간 마라톤을 완주하고 나면 우리는 문득 신화의 세계에 도달하게 된다. 그리고는 신화적인 삶을 통해 자신만의 전설을 구축한다.

신화와 전설의 세계에 심신이 어느 정도 익숙해지면, 우리는 다시 그 신화가 현실이 된 새로운 세계를 살게 된다.

그 이후부터는 신화의 세계와 현실의 세계를 오가게 된다.

이것이 마라톤이 제공하는 확장된 삶의 풍경이며, 마라톤 이전에는 경험해보지 못했던 새로운 세계이다.

차례

마라톤, 알고 보면 맛있는 스포츠다

뛰고 나면 떠오르는 휴먼 스토리

출발선에 다시 서며

들어가기에 앞서

마라톤은 위로 받고 싶은 현대인들이 무거운 마음을 씻어내는 한 바탕 굿판과 같다. 살아가는 노하우를 터득한 중년의 '인생 마에스트로'들이 아직도 남은 열정을 확인하는 게임이다. 그들이 치열한 생활전선에서 잠시 비껴나 무거운 영혼을 내려놓고 신체의 기운을 바닥끝까지 떨어뜨리는 어른들의 놀이이다.

몸속의 에너지를 조금씩 모두 밖으로 내보내 궁극적으로 탈진의 경지에 도달함으로써 그 동안 우리가 얼마나 많은 것을 지니고 있었는지를 경험하게 하고, 나아가 앞으로 조금씩 채워지는 즐거움을 느끼게 하는 게임이다. 비워진 상태가 오히려 자유롭고 편리하다는 이치를 깨닫게 하는 이벤트이다.

그런 반복적인 이벤트를 통해 스스로 활력과 자신감을 회복하는 현대적 놀이이다.

경제가 발달할수록 오히려 삶의 질이 떨어졌다고 생각하는 현대인들이 마라톤 출발선에 모이는 이유이다.

이 책은 마라톤의 이면에 숨어있는 그런 현상을 보고자 시도한 것이다.

우리나라가 2012년에 국민소득 2만 달러, 인구 5천만을 넘어서는 '20-50 클럽'에 세계 7번째로 진입함으로써 세계적인 강국으로 우뚝 섰다. 일반적으로 마라톤 인구는 국민소득의 증가에 정비례하여 늘어나게 되며, 우리나라도 경제규모의 팽창과 인구 증가로 주말이나 공휴일이면 전국에서 개최되는 마라톤 대회에 수천, 수만 명의 마라톤 인구가 몰려들고 있다.

이 책에서는 오늘날 가히 '마라톤 현상'이라고 불릴 정도로 수많은 사람들이 마라톤에 열광하는 배경과 마라톤이 우리의 일상적인 삶에 어떤 연관성을 갖고 있는지를 칼럼과 산문 형식으로 조명한다. 마라톤이 인간의 심신을 변화시킴으로써 생활태도와 의식혁명에 어떻게 영향을 미치는지 파악해 봄으로써 일반인들의 마라톤에 대한 피상적인 인식에 새로운 관점을 제시해 본다.

마라톤 출발선에 서면

상상(想像) 마라톤

마라톤을 이해하기 위해 일단 풀코스 완주 경험을 해 보자. 체력과 배짱이 뒷받침되지 않는가? 그러면 지금부터 지면(紙面)으로라도 해보자. 마라톤이 왜 그렇게 힘든지, 그리고 그 힘든 운동을 사람들이 무슨 재미로 하고 있는지 보자. 현실에서 이루어지지 못했던 것을 상상으로 완성하는 것. 어찌 유쾌하지 않을까?

그동안 마라톤이 힘들어서 못할 것 같다는 생각에 억눌려 있었던 사람들을 이곳 가상의 마라톤세계로 초대한다. 만약 당신이 오늘날 우리 인간의 삶을 동적이라고 생각한다면 이번 마라톤을 통해 내가 삶의 핵심에 있다는 것을 깨닫게 될 것이요, 만일 우리가 정적인 삶을 살고 있다고 생각한다면 오늘은 삶의 바깥세상을 돌아다니는 경험을 하게 될 것이다.

그리고 인간이 얼마나 끈질기게 동적일 수 있다는 것도 간접적으로 경험하게 될 것이다.

42.195킬로, 풀코스 마라톤이 힘 드는 것은 종반 30킬로 지점부터 약 1~2시간이다.
마라톤에 소요되는 시간이 평균인의 경우 4시간 정도라면 후반 30킬로에 소요되는 한 두 시간을 제외한 나머지 시간은 즐기는 시간이다.

대회에 나가서 30킬로 이후부터 고통의 시간이라면 마라톤에서 흥겹고 즐거운 시간은 출발이 한참 남은 연습시간부터가 된다.

대부분의 사람들에게 '마라톤'이라고 하면 출발하여 도착하는 겉모습만 보이기 때문에 무조건 힘 든다는 사실만 비쳐질 수 있으나, 반드시 그런 것만은 아니다. 마라톤 대회 전후에 숨겨진 상태로 펼쳐지는 긴장과 환희는 실제 경기 이상으로 흥분과 감동을 주는 일이다.

대회 1주일 전쯤 도착하는 대회 우편물을 기다리는 설렘.

블랙박스를 열어보는 기분으로 포장을 열면 나만을 위한 배번과 기록 칩이 새것으로 들어 있다. 대회 안내책자에 모래 같은 출전선수명단에서 진주알처럼 인쇄된 자신의 이름을 발견하는 재미도 느껴본다.

몸에 붙일 것들을 대회 하루 전 날 밤 셔츠 앞가슴과 신발에 정성껏 꽂아 두고 잠자리에 든다. 대개 흥분과 긴장 때문에 쉽게 잠들지 못한다.

내일의 대회를 위해 별로 준비도 하지 않았고, 따라서 아무 기대도 없는 사람이라면 몰라도 어느 정도 훈련을 한 사람이라면 긴장도되고 레이스 전략도 머릿속을 뱅뱅 돌 것이다. 이런 것들이 흥분과기대와 뒤섞여 전날 밤 단잠을 방해한다.

밤새 뒤척거리다가 서너 시간쯤 눈을 붙이고 일어나게 될 것이다. 대회당일 새벽에 반찬도 별로 없는 밥을 에너지 덩어리처럼 맛있게먹고 몇 시간 후 달리게 될 전투복으로 무장을 하게 된다.

거울도 몇 번 보면서 배번이 달린 전체적인 복장 코디도 확인한다. 본인도 모르게 사진이 찍힐지 모르니까. 집을 나오는 순간과 격전장까지 가기 위한 전철 안에서도 일반 승객과는 다른 복장으로 인해 뭔가 스스로의 정체에 대해 특별한 감정을 갖게 된다.

용변에 대한 조바심도 수시로 일어나서 결국 대회장보다 두어 정거장 앞의 전철역 화장실에서 하차하여 일을 본다. 화장실 안에서만큼은 신성하고 마음의 안식을 주는 시간이라는 평소의 믿음과는 달리 오늘은 잔변이 남아서 잠시 후 레이스 도중 다시 화장실 신세를 지지나 않을까 조바심하게 된다. 규모가 큰 대회의 경우에는 대회장보다 두세 정거장 앞의 지하철 화장실도 안전공간이 못 된다.

안에서 내가 밀어내기를 속히 하지 않으면 밖에서는 조이기를 그만큼 더 해야 하기 때문이다. 일을 마치고 다음 전철로 대회장에 오는 도중에도 그 놈의 설렘이 문밖에서 기다렸는지 또 다시 쫓아온다. 만일 마라톤 대회가 하늘에서 열린다 해도 그 설렘은 하늘 꼭대기까지 따라 올 것이다.

무슨 대회든 사람이 많이 모인 곳에는 특유의 분주한 기운이 있는데 마라톤 대회장에는 특히 그렇다.

대회장에 도착하면 많은 달림이 들이 이미 도착하여 몸을 풀고 있어서 그 광경을 보는 것만으로도 내심 전의가 불탄다. 시골의 5일장이 서면 각 가정에 숨어 있던 팔 수 있는 물건들이 거리로 나와 장터를 가득 메우듯 오늘은 '달리기의 날'을 맞아 다양한 모양을 한 우리 달림이 들이 거리로 쏟아지는 날이다. 마라토너들이 많이 모여 이미 마라톤 마을이 되어 버린 그 평원에서 다양한 모습으로 출발준비를 하는 많은 마니아들 사이를 뚫고 들어가 그 인파에 푹 섞여 보라. 그리고 그 분위기에 빠져 보라.

마치 푸른 바닷물에 자신의 알몸을 풍덩 던진 것과 같은 느낌이라고 할까?
그들 속에 끼여 함께 준비운동을 해 본다. 탈춤 같기도 하고 칼춤 같기도 한 스트레칭을 해 보자. 다른 참가자들은 마치 나를 중심으로 포진해 있는 듯하다. 그 많은 인파들 사이에서 마치 숨은 그림 찾기를 하듯 아는 얼굴을 찾아본다. 스트레칭은 조금씩 강도를 더해 간다.

완전한 동심의 세계이며, 일상에서는 쉽게 경험할 수 없는 법석거리는 시간이다.

아무 일도 일어나지 않을 것 같은 집에 틀어 박혀 잠을 자거나, 의미 없이 말장난하는 TV 프로그램을 보는 것에 비해서는 아주 새로운 자신을 발견할 것이다.

내가 내 삶의 주인이며, 스스로 인생을 운행하는 주체가 된다.

내가 이 광활한 대지의 중심이며, 우주의 한 가운데 찌를 듯이 존재하는 것 같은 느낌이 들 것이다. 그것이 마라톤이 주는 즐거움의 한 부분이다.

마라톤의 또 다른 즐거움은 스스로 목표 시간대를 정해두고, 이를 달성하기 위해 훈련하는 과정이다.
서브-3(풀코스를 3시간 이내에 완주하는 것)도 좋고, 서브-4(풀코스를 4시간 이내에 완주하는 것)도 좋다. 서브-5나 혹은 그냥 기록에 관계없이 완주만 하는 것도 좋다.

훈련이라면 대부분 군사훈련 정도를 먼저 떠 올리며 거부하고 두려워할 지도 모르나, 끌려간 신분으로 다른 사람의 감시 하에 하는 훈련과 스스로 정한 목표를 달성하기 위해 자유스러운 분위기에서 자신의 몸을 단련하고자 하는 훈련은 근본부터가 다르다. 군사훈련도 돈을 받고 하는 것은 사업이 된다.

훈련을 하다 보면 그 동안 그저 하릴없이 인생의 쳇바퀴를 돌다가 갑자기 작은 목표가 생긴 듯하다. 마라톤에서의 목표는 즐거운 목표이긴 하나 쉽지는 않다.

목표를 정하고 일상의 자투리 시간을 할애해서 훈련해 보라.

내가 마라톤 선수라는 의식으로 무장하고, 온갖 멋을 내며 훈련을 하다 보면 국가대표 선수가 무색해 진다.

훈련을 하면서 달리기 실력이 어느새 향상된 자신을 발견해 본다. 신기하기 이를 데 없다.

1백 미터도 제대로 달리지 못할 것 같던 당초의 두려움은 온데간데없고, 어느 새 5킬로, 10킬로를 쉬지 않고 달리고 있는 자신을 바라보라. 스스로 대견해 지고, 본인이 지닌 능력에 놀라게 될 것이다.

삶에 의욕과 자신감이 생기고 영원히 병들지 않고 쌩쌩하게 살 것 같은 생각이 든다.
마라톤 말고도 무슨 목표든 설정하기만 하면 달성할 것 같은 적극적인 생명체가 된다. 세상을 보는 시각이 종래와는 달라진다. 자신의 존재에 긍지를 갖게 되고, 다른 일에도 목표가 생기기 시작한다. 의욕과 목표!

여름에 사는 정상적인 암컷 일벌의 평균수명은 대략 6주 정도라고 한다. 그러나 겨울을 나야 하는 암컷 일벌은 9개월까지 산다고 한다. 같은 벌도 도전에 직면하면 자연적인 생명이 연장되는 것이다. 유전자는 같지만 내부의 생명 프로그램이 활성화되어 수명을 적극

적으로 조절한다는 것이다.

곤충학자인 〈장 앙리 파브르〉는 날벌레가 다른 날벌레에 의해 맹목적으로 자기의 비행궤도를 설정하고, 그 궤도에 맞추어 앞서 가는 벌레를 따라 날아다닌다는 것을 발견했다. 그러다가 하루를 살고 사라진다. 하루를 사는 날벌레는 삶의 목표가 분명치 않는 경우이다.

신경 심리학자 〈파트리셔 보일〉 교수는 1천명의 노인을 대상으로 삶의 목표여부에 대해 조사한 결과 목표지수가 높은 노인들이 낮은 노인들에 비해 어떤 계기로든 사망할 확률이 절반 정도로 줄어들었다는 것을 밝혀냈다. 목표를 갖는 것이 육체적인 기능을 더 원활하게 하고, 스트레스 호르몬 분비를 억제하기 때문이다.

마라톤의 즐거움 가운데 그 다음은 출발 직전의 들뜨고 흥분되는 상태이다.

이제 10분 후면 우리는 저 길고 긴 마라톤 대장정을 나설 것이다. 우리는 여행하는 마음으로 많은 마라톤 인파 속을 자유롭게 헤집고 달릴 것이다. 우리가 그 동안 훈련한 결과를 오늘 보여 줄 것이다.

우리 각자는 잠시 후면 '마라톤'이란 연극의 주연배우가 되며, '꿍

장히 멀리 달리는 곡예' 분야의 곡예사가 된다.

의욕과 속도를 주체하지 못해 너무 빨리 달리게 될까 봐 오히려 걱정되는 시간이다. '자제해야지' 하는 마음이 앞설 것이다. 달리기가 귀찮고 자신 없어서 스스로 담 싸고 살던 과거와 비교하면 참으로 딴판인 모습이 되었다.

우리의 몸은 정지 상태에서 운동 상태로 전환할 것이다. 전신은 운동감각적 사고에 이끌릴 것이다. 생각하는 대로 운동하고 운동하는 대로 생각하는 것이 운동감각적 사고이다.

가슴이 뛰고 얼른 출발 총성을 울려 달라고 마음속에서 작은 조바심도 날 것이다. 출발 전 5분의 시간이 왜 그렇게 길게 느껴지는지 경험할 것이다. 인간은 스스로 어떤 형태에서 다른 형태의 사람으로 바뀌었을 때 커다란 희열과 존재감을 느끼게 된다. 스스로의 노력에 의한 성취감도 갖는다.

드디어 출발을 알리는 총성이 울린다. 총소리는 우리의 이마 앞부분에 전율처럼 와 닿는다.

앞 주자들이 뛰어 나가는 것을 보면서 우리는 움직이는 물체를 만

나면 본능적으로 달려들며 짖어대는 개처럼 물어뜯을 것 같은 기세로 출발한다.

이때 우리의 흥분은 무의식적이지만 최고조에 달한다.

그리스의 〈엠페도클레스〉왕이 자신이 신의 아들임을 입증하기 위해 시칠리아의 〈애트나〉화산 분화구에 뛰어 든 것처럼 우리는 출발 경계선을 훌쩍 넘을 것이다. 출발선에 설치된 어떤 기계 장치가 찌릿! 하는 음으로 우리 모두의 뇌를 자극할 것이다. 그 경계선을 넘는 순간 우리는 신화의 세계로 빨려 들어간다. 상쾌하고도 상쾌하다.

우리는 자유인이 된다. 그 동안 사회의 규칙에서 제한되었던 생각들이 갑자기 풀려난다. 그 동안 사회생활은 나에게 지나치게 많은 것을 구체적으로 설정해 주었다. 너무 많은 '레디메이드' 물건들이 우리에게 사용법을 너무 구체적으로 알려 주었고, 너무 많은 액세서리 기성품들이 등장하여 우리의 삶과 생각을 미리 정해 주었다. 우리는 무심코 그것들에 몸을 맡기고 그것들에 이끌려 다녔다.

오늘 우리는 작지만 삶의 규칙을 바꾼다. 배구공으로 농구를 하고, 럭비공으로 축구를 하던 어린 시절을 떠 올리며 달린다. 세상의 물건은 왜 하나의 제한된 용도로 사용되어야 하며, 우리는 왜 나에게 주어진 대부분의 시간을 돈 버는 일에만 사용해야 하는가?

출발 직후 10킬로 정도는 날아갈 듯 나아간다.

도로 한 가운데를 달리는 우리를 향해 관중들이 박수를 치고, 우리는 그 박수로 인해 세상의 중심에 선 듯 한 착각을 하게 된다.

마라톤으로 상징되는 고통이 찾아오려면 아직 멀었다. 영원히 고통은 찾아오지 않을 것 같다. 마라톤에 고통이 웬 말인가? 참으로 살맛나는 세상이다.

수많은 마라톤 주자 가운데 한 두 사람이라도 추월을 하게 되면 나는 곧 의기양양한 마라톤 선수가 된다. 명품의 폼과 번개 같은 속도다.

초반 오버 페이스를 하지 말라는 사전의 주의사항은 출발선을 지나면서 머리에서 바로 떠났다. 내가 왜 이렇게 참으면서 천천히 달려야 하는지 스스로 이해가 되지 않는다. 오른쪽 다리와 왼쪽 다리가 서로 앞서 가려고 난리다. 다리를 너무 빨리 앞으로 내딛지 않기 위해 조심한다.

40킬로를 달리는 마라톤은 이처럼 처음부터 고통스러운 것은 아니다. 처음 20킬로까지는 즐거움의 연속이다.

함께 신화의 세계 여행을 하고 있는 다른 형형색색의 복장을 한 주자들과 앞서거니 뒤서거니 해 보라. 그들과의 동반주도 즐겁다. 정말 나를 제외한 모든 그들은 형형색색의 주자들이다.

광고판을 업고 다니는 주자와 개성 있는 메시지를 담은 T-셔츠, 긴 수염 노인과 깊은 산에서 구름을 타고 갓 내려 온 듯 한 스님에 이르기 까지.
그리고 나.

마라톤에서 다른 주자와의 관계는 치열한 경쟁이 아니라 재미있는 소꿉장난이다.

다른 주자에게 추월을 당하면 슬며시 웃음이 나온다. 이따가 후반에 다시 만나세. 내가 추월을 하면 기쁨이 두 배이다. 그렇지. 마라톤은 역시 내 체질이야.

아무래도 상관없다. 어차피 서로는 아마추어이니까. 아마추어 마라톤은 상대보다 잘 달리는 것이 맛이 아니라 어제의 나보다 더 잘 달리는 것이 제 맛이다.

그런 우스운 즐거움으로 2시간을 간다.

20킬로에서부터는 약간의 어려움이 찾아오나 그것도 즐기고 견딜 만하다.

자신이 20킬로를 쉬지 않고 달렸다는 뿌듯함과 남은 20킬로에 대한 작은 두려움이 슬슬 몰려온다. 그래도 좋다.

25킬로 혹은 30킬로 지점 정도부터 찾아오는 고통.
이제부터 마라톤이다.

남은 15킬로 가량의 고통스러운 공간은 출발할 때는 별로 헤아리지 못했던 주로 공간이다.

아무리 달려도 거리가 줄지 않고 똑 같은 모양의 도로가 하염없이 나온다. 가는 곳마다 도로가 넘친다. 오른 다리와 왼다리가 서로 먼저 가라고 하며, 마치 내려오는 에스컬레이터에서 거꾸로 오르기를 하는 듯하다.

무언가 뒤에서 당기는 것 같기도 하고, 지구의 중력이 갑자기 수천 배는 증가한 느낌이다. 누적된 피로가 주는 현상이다. 나 하나의 피로가 세상을 이렇게 바꾸어 놓다니! 이제 우리에게는 거리를 확보할 수 있는 출발 당시의 권리는 사라지고 골인지점까지 도착해야 하는 암울한 의무가 남아 있다.

몸속의 어느 깊은 곳에 숨어있던 피로가 약속이나 한 듯 한꺼번에 몰려나온다.

두려움, 불가능, 의문, 창피, 좌절, 변명, 실패, 포기, 나쁜 기억, 한계.

온갖 부정적인 생각들이 두서없이 떠오른다. 이렇게 배터리가 도중에 떨어질 줄 미리 알았더라면 보조 배터리를 챙겨서 올 걸.

눈앞에 펼쳐지는 도로의 풍경은 우리와 상관없는 존재로 바뀌고, 동료 주자들에게도 무관심해 진다. 어떤 법칙에 의하면 운동의 기원은 운동이고 정지의 기원은 정지라고 하는데 이제까지 뛰어 온 우리의 운동에너지는 어디로 빠져나가고 또 정지에너지는 어디서 오는 것인가?

우주 태초의 정지 상태에서 운동에너지를 공급한 존재는 누구인가? 신인가? 과학자인가? 나 자신인가?

이제 나를 추월해 앞으로 가는 주자를 보면 부러운 생각이 든다. 마음속으로 '좋겠다. 아직도 남은 힘이 있어서' 한다.

이제 어떻게 할 것인가? 여러 가지 옵션이 생각난다.

걸어갈까? 포기하고 차를 타고 갈까? 순간적으로 달리던 속도를 늦추기만 하면 되지만 한번 그런 시도를 하면 그날의 마라톤은 그런 나약하고 시시한 행위의 반복으로 종료될 것이다. 한 번의 타협이 연속적인 타협으로 이어지기 때문이다.

쉬다가 갈까? 본인의 자유로운 선택이며, 선택할 수 있는 시간도 마라톤만큼 길다.

인생을 살면서 나에게 이렇게 폭넓은 선택의 기회가 주어져 있다는 것에 감사하는 마음이 생기기도 한다.

되돌아보면 지난 시간은 어디를 가든지 남이 시키는 대로 했어야 하는 인생이었다.

살면서 나에게 선택의 기회가 생겨 내가 목에 힘주며 선택을 했던 때는 식당에서 메뉴를 선택할 때였다.

부대찌개와 된장찌개를 두고 나는 그 선택이 그날의 식사에 엄청난 차이를 준다는 황당한 믿음을 갖게 되고, 그에 따라 강한 어조로 아주머니를 불러 메뉴 선택을 한다. 부대찌개! 그리고는 아주머니가 간 이후 1초도 지나지 않아 '된장찌개를 선택할 걸' 하고 몇 번씩이나 후회를 했던가?

마라톤 25킬로를 달려온 나는 지금 어쩔 수 없는 유혹에 빠져 있다. 계속 뛰어 갈 수 있을까, 아니면 걸어가 버릴까 하는 것이다. 선택과 감시의 주체는 모두 나 자신이다.

달리기에는 한계에 도달하였으니 걷고 싶은 충동을 느끼지만 함부로 걷기를 택할 수도 없다. 왜냐하면 한번 걷기 시작하면 그 동안 신체 곳곳에 숨어있던 피로가 나타나 온 몸으로 번져서 마비현상이 오며, 그렇게 되면 이제 남은 거리를 하염없이 걸어야하기 때문이다.

이상하게 들릴지 모르지만 어느 경우에는 걷는 것이 뛰는 것 보다 더 힘들기도 하다. 걷기 시작하면 패배감도 함께 따라서 걷는다.

선택의 가지 수는 많으나 쓸 만한 선택은 별로 없다. 이런 저런 고민을 하면서 달리다 보면 웬일인지 다시 힘이 솟는 경우도 있다. 체력이 다한 줄 알았는데…… 이해할 수 없는 인체의 신비이다.

이 후반 1시간 정도의 고통이 마라톤이 우리에게 가하는 실질적 고통이다. 이 고통을 맞으러 여기까지 마중 나온 것인가? 경험으로 보면 고통이 깊어질수록 골인 순간의 환희가 컸으며, 마라톤 이후의 뻐근한 즐거움을 오래 만끽할 수 있었다.

우여곡절 끝에 골인지점이 있는 스타디움에 이른다.

운동장에 도착하면 고통이 슬슬 도망을 간다. 한약의 쓴맛 뒤에 단 침이 곧바로 솟아나는 것과 같다고 할까? 마라톤이 끝났다는 안도감과 연도에 기다리고 있는 인파들 덕분이다. 상황이 바뀌어 마음이 달라지면 몸도 에너지도 달라진다는 것을 몸소 체험하는 순간이다. 도로에 관중들이 환호성을 질러 대는데 누구에게 보내는 환호인지 분간이 안 된다.

관중들이 나를 위해 나와 있는 것은 아니지만 그들의 응원을 나도 잠시 차용하여 힘을 얻는다.

환호하는 많은 인파들에 둘러 싸여 아프리카의 검은 선수들이 트랙을 돌면서 손을 들고 골인하는 장면처럼 나도 흉내를 내며 주인

공의 기분을 맛본다.

결승아치를 통과해 보라. 비록 입상자를 위한 결승 리본은 허리에 감을 수 없지만 나 혼자 참가한 경기에서 1등을 한 기분이다.

둥글게 설치된 골인지점 아치는 마치 어머니의 아기 주머니처럼 포근하다.

우리는 출산의 역순을 경험하는 것처럼 그 아치 지점에 머리를 집어넣으며 포근하게 골인한다. 천지의 모든 것이 시작하고 끝나는 순간이다.

우리는 거꾸로 탄생하며 우리가 세상에 나왔던 그 지점으로 다시 들어간다.

아늑하고 피곤한 몸으로 시간을 확인한다.

시계가 가리키고 있는 시간을 1초라도 단축하여 해석하고 싶어진다. 숫자로 표시되는 마라톤 기록에 연연하지 않고 마라톤을 즐겨 볼까 하는 생각이 가끔 들긴 하지만 골인 아치를 통과하는 대부분의 주자들이 가장 먼저 하는 몸짓은 시계를 보는 것이다.

애써 달리지 말고 주변 경관도 감상하고 다른 주자들과 동반주도 하자는 여유 있고 철학적인 생각은 전광판 시계가 가리키는 기록숫자 앞에서는 늘 꼬리를 감춘다. 하긴 마라톤을 즐기지 않았던 고대 그리스의 철학자 플라톤도 우주는 신의 탁월한 수학적 공식에 의해 이루어졌음을 인정하고 철학보다는 수학이 우선시 되는 분야라고 주장하지 않았던가?

그러나 아무리 플라톤이 수학이 철학보다 앞선다는 주장을 하고 골인지점에 설치된 전광판을 보는 순간 1초라도 기록을 앞당기려는 수학적 잔머리를 굴려도 이미 지난 1백리 길을 빨랐다가 늦었다가 달려온 우리에게 마라톤은 공식과 증명의 대상인 엄밀 과학적 게임이라기보다는 모호한 가설과 다양한 주장이 가능한 인문학에 더 가까울 것 같다. 풀지 못하는 수수께끼가 너무 많고, 그 풀지 못하는 의문 덩어리에 대해 너무 많은 답들이 돌아다니기 때문이다.

골인을 하고 나면 마라톤 고통은 이제 흐릿하게 찾아왔다 사라졌다 할 것이다.

다른 완주 자와 재회를 하는 시간이 찾아온다.
물 한 모금의 달콤함과 고마움. 막걸리 한 사발의 정취, 그런 것들이 기다리고 있다. 평소 배부를 때는 쳐다보지도 않았던 아이템들이다.

달리는 동안의 쑤시고 아팠던 통증은 사라지고 이제부터는 육체의 이완과 수축의 맛을 느낄 것이다. 신체 곳곳에서 침묵하며 조용히 있던 근육이 이런저런 말을 걸어 올 것이다. 탈진한 쾌감. 아무것도 지니지 않는 빈 몸 하나가 남았을 때 얼마나 행복한가를 느끼는 것과, 내 손에 아무 것도 없을 때 다른 사람의 손을 잡을 수 있다는 평범한 깨달음.

그런 것들을 잠시 느껴 보는 것도 이 때이다.

하루 이틀 시간이 지날수록 그 쾌감은 더해진다. 질기고 강건해진 근육이 기존의 낡은 근육을 대체하면서 자기 자리를 찾는 기간이다. 근육에 에너지 주머니를 삽입한 느낌.
그런 감각이 마라톤이 직접 우리에게 주는 새로운 기운이다.

한, 두 시간 고통의 대가로 우리는 그 전후 수십 시간, 수백 시간의 의미 있는 쾌감을 되찾아 온다. 그래서 풀코스를 달리는 것이다.

하프 마라톤과 같은 중장거리를 달리는 경우에도 풀코스 마라톤과는 다소 차이가 나지만 그런대로 흥미 있는 경험을 할 수 있다.

만일 어떤 사람이 시간으로 계산하여 60분을 달린다고 가정하고,

그 60분을 대략의 시간대로 즐거움과 고통을 구분해 보자.

처음 10분은 무릎에 약간의 통증도 느끼게 되고, 발목이나 다른 어떤 신체에도 달리기를 못마땅하게 받아들이는 부분이 나타날 것이다.

특히 운동을 하지 않던 사람이라면 이 시간은 마치 맞지 않는 옷을 입고, 다른 사람의 신발을 신은 것처럼 낯설게 느껴질 것이다.

몸이 풀리지 않은 어색한 달리기가 10분 정도 지나면 이제 몸 구석구석에 윤활유가 칠해 진 듯 부드러워 진다. 불편하고 아팠던 근육이나 뼈마디는 이제 통증으로부터 해방되고, 달리기를 위한 중요한 부품으로 전환된다.

이쯤 되면 달리기를 싫어했던 사람들도 달리기에 대한 생각을 달리하게 된다. 예상보다 달리기가 간단하고 재미있다는 생각이 들기도 한다. 엔도르핀이 생성되고 있는 것이다.
그 즐거움도 일정한 시간이 지나면 다시 힘든 시간으로 바뀐다. 체력에 한계가 있기 때문이다.

60분을 달리는 경우에도 후반 10분은 괴로운 시간이다.

이처럼 달리기에도 기승전결이 있는데, 고통스러운 구간은 말할 필요도 없이 마라톤 후반이다.

그 고통스러운 구간은 풀코스에서는 30킬로 이후의 마지막 10킬로, 하프에서는 마지막 5킬로, 10킬로에서는 대개 마지막 2킬로 거리이다.

달리는 전체 거리마다 고통이 주어지는 시간이 각각 다른 이유는 그 전체 거리에 따라 주자는 처음부터 달리는 속도와 마음가짐, 그리고 전략을 다르게 하기 때문이다.

단거리를 달릴 때는 처음부터 속력을 내며, 풀코스 마라톤을 달릴 때는 그에 맞게 에너지 조절을 하면서 달리기 때문에 고통의 강도가 달리는 거리에 반드시 정비례하지는 않는다.

마라톤 경험이 없는 사람들이 생각하듯이 풀코스가 주는 고통은 하프 코스의 2배, 10킬로의 4배 – 이런 식으로 단순 계산되는 것은 아닌 것이다.

그러므로 달리기 풀코스라 해도 너무 겁먹을 필요는 없다.

오히려 풀코스 마라톤이 달리는 과정에서 주자에게 온갖 스토리와 드라마를 제공해 주므로 짧은 거리보다 더 재미있다. 이왕 달리기를 시작했다면 말이다.

생각해 보자.

이제까지 우리의 삶에 얼마나 잦은 기승전결의 드라마가 있었는지를. 똑같이 반복되는 일상의 지루함에서 벗어날 길이 있었는가?

무의미하게 흐르는 인생을 아쉬워해도 결국 비슷한 나날이 반복되지 않았던가?

마라톤은 이처럼 평평한 인생에 하나의 과속방지턱과 같은 돌출 부위를 설치하는 셈이다. 가볍게 출발하여 드라마를 만들고 돌아오는 일이다.

오늘 마라톤을 즐기는 마니아들은 마라톤의 그런 특징을 체험하여 아는 사람들이다.

1백리 길의 고통을 이기고 마침내 골인을 하고 나면 해냈다는 환희와 끝났다는 안도의 마음이 교차하여 눈물을 흘리는 사람도 있다. 더운 여름 서늘한 한줄기 소나기를 맞은 기분이리라.

마라톤을 완주하면 인생도 완주될까? 아니다. 마라톤을 완주하고 집으로 돌아오면 또 다시 힘겨운 현실이 기다리고 있다.

어떤 사람은 마라톤의 고통을 극복하는 의지와 집념으로 현실에서의 고통도 쉽게 극복할 수 있을 것이라고 한다. 어느 정도는 맞는 말이다. 그러나 현실세계에서 맞이하는 고난과 그 해결방법은 마라톤에서 배우게 되는 고통극복 방법보다 더 난해하고 복잡할 것이다.

인내와 끈기, 반복된 연습 등과 같은 요소들이 작용하는 마라톤은 나만 열심히 하면 되는 일이었으나, 현실 인생에서는 무수히 많은 경쟁자가 있고, 마라톤보다 더 어려운 변수와 복잡한 함수가 존재하는 것이다. 또한 마라톤을 열심히 해서 얻어낸 결과물 보다 사회생활을 열심히 해서 생긴 돈으로 누릴 수 있는 행복이 더 크기도 하다.

그럼에도 불구하고 일상생활에서 잠시의 시간을 내서 달리기를 하는 이유는 달리기를 통하여 그런 행복한 결과를 얻기 위한 하부요소를 갖추기 위한 것이다.

웬만한 거리는 두 다리로 이동할 수 있다는 자신감과 열정, 일상의 우울한 환경을 벗어나 활력과 에너지를 얻고, 상쾌한 두뇌를 되찾으며, 자기 존재감을 확인함으로써 치열한 세상을 보다 용맹스럽게 사는 힘을 제공받는 것이다.

마라톤, 그 건강한 꿈의 원천

다음은 필자가 2004년 가을, 춘천마라톤에 도전하면서 쓴 글인데 마라톤이 우리 삶과 어떤 관련이 있는지를 전반적으로 말하고 싶은 내용이어서 전반부에 소개한다. 이 원고는 그 해 조선일보에서 발간한 춘천마라톤 책자에 게재되었다.

....

철이 덜 들어서일까?

어른이 되고 나이가 50이 넘어서도 난 어렸을 적 꾸었던 황당한 꿈을 가끔 꾼다.

날개도 없이 몸짓 하나로 하늘을 날아다니는 꿈이나, 형체 없는 귀신 덩어리에게 이리저리 쫓겨 다니는 꿈이 그런 부류들이다. 그런 꿈들은 깨고 나면 늘 신 웃음이 나온다.

마라톤을 시작한 이후 언제부터인가 나는 꿈을 꾸면 힘들게 쫓기는 꿈보다, 강한 힘으로 주변을 압도하는 그런 꿈을 더 많이 꾸게 되었다. 아마도, 마라톤으로 힘이 들어간 다리 때문이 아닐까 생각한다.

마라톤은 꿈속에서도 향상된 삶의 질을 제공해 주는 셈이다.

매년 늦가을이 되면 '춘천 마라톤'이라는 초대형 마라톤 이벤트가 가슴을 벅차게 한다.
피할 수도 거역할 수도 없는 연례행사지만, 그때마다 새롭게 느껴지는 까닭은 그 백리 길을 대하는 내가 달라져 있기 때문이다. 컨디션이 다르고, 자신감이 다르고, 그래서 목표와 주로(走路) 전략이 달라지기 때문이다.

지난 무더운 여름 동안 짬 날 때마다 혼자 혹은 동료들과 달리며 마치 '신선 도 닦듯' 연습했는데, 이제 곧 그 결과를 검증하기 위해 장엄한 출발선 아치 아래에 서게 된다.

정중동(靜中動), 동중정(動中靜)의 출발대열에는 나와 유사한 입장의 마니아 동료들이 오늘의 잔치를 위해 함께 설 것이다. 마우스피스를 물고 링 안에 갇힌 상대에게 돌진해야 할 권투선수처럼, 나는 비장한 마음가짐으로 선다.

다리표면에는 스포츠크림을 발라 상쾌한 느낌을 유지하고, 주먹으로는 볼기를 두드리며 얼굴에 긴장을 각인시킨다. 최종 1주일간의 식사조절은 몸 상태를 더욱 고조시켜 줄 것이다.

결코 녹록하지 않는 1백리 길. 3시간이 넘도록 나는 매 순간 다른 모형의 주로(走路) 공간을 형성해 줄 동반주자들과 함께 달릴 것이다.

나는 동반주자들에게 포위돼 달리기도 하고, 다른 낯모르는 주자와 1대1 동반 주(同伴 走)를 하기도 할 것이다. 뒤에서 감지되는 어느 발자국 소리에 견제를 받기도 하고, 어느 소집단의 선두에 서기도 할 것이다.

이렇게 시시각각 달라지는 나만의 달리기 공간을 감상하며 그때마다 다른 주로 전략과 주법을 구사하는 즐거움을 맛볼 것이다. 춘천마라톤처럼 큰 대회에서는 동반주자가 많은 만큼 주로의 형태변화도 무쌍하고 그만큼 즐거움도 크다. 그 즐거움은 춘천호반의 아

름다운 풍광과 어울려 달리기의 기쁨을 더더욱 고조시킨다.

나는 거의 해마다 춘천마라톤에 참가했지만 아마추어답지 못하게 풍광보다는 기록에 신경을 더 썼다. 매번 그러지 말아야 되겠다고 생각하지만 그게 잘 안 된다. 즐기는 마라톤은 언제쯤 가능할까?

'전반 코스에서는 마음보다 앞서 가려는 청춘 육신의 경쾌한 움직임을 애써 억눌러 보자. 그리고 후반으로 갈수록 따라오지 않으려는 노년의 고단한 몸을 미소로 달래 보자.
다른 사람의 속도와 비교하지 않는 자신만의 페이스를 습관화해 보자. 풀코스 내내 달라지는 다이내믹한 심리적 변화를 음미해 보자.'

그리고 정신통일.

'나는 기관차이다. 나는 타고난 마라톤 선수이다. 나의 전략은 적중되고 있고, 나는 최상의 컨디션을 유지하고 있다. 나는 오늘 새로운 잠재력을 또 발견했다.'

주로에 나와 있는 시민들과도 하이파이브를 한다. 그들은 나를 〈아놀드 슈월츠제네거〉정도로 인식할 것이다. 그들이 나를 그렇게 보는 한 나는 그렇게 될 것이며, 따라서 그들은 오늘 내가 마라톤을 두 배로 즐기는데 핵심적인 조력자가 될 것이다.

지난 50년 동안 대한민국 역사의 변방에서 관중으로 머물러 있던 내가 팬티차림으로 이 거리의 주인공, 행렬의 중요한 구성원으로 거듭나는 순간을 확인할 것이다.

꺼져가는 몸으로 마지막 남은 에너지까지 다 태우며 도착한 춘천종합경기장 결승점 아치는 내가 불과 3시간 전 상쾌한 컨디션으로 출발했던 바로 그 지점일 것이다.

그러나 소양 댐 전후의 가파른 오르막과 내리막, 춘천 호반의 곧은길과 비탈길을 드라마처럼 치열하게 지나 온 내게 그 지점은 결코 같은 의미로 해석되지는 않을 것이다.

60갑자 인생 한 바퀴를 돌아 다시 원점으로 돌아 온 환갑노인처럼 나는 시작과 끝의 아주 다른 맛을 작년에 이어 또 다시 느끼게 될 것이다.

40킬로 인생 한 편을 돌아오는 동안 몸에 저장되어 있던 글리코겐과 운동에너지를 모두 소비한다. 또한 적지 않은 육체의 고통도 축적한다.

그리고 그 대가로 퀭해진 눈과 주름으로 느끼는 성취의 통쾌함과 풍성한 이야기 거리를 수확하게 된다.

마라톤 풀코스를 완주하는 동안 우리의 몸은 그 동안 쌓아왔던 노폐물과 에너지를 완전히 소진시킨다. 시간이 지나면서 그 텅 빈 육체의 공간에 새롭고 활기찬 기운이 채워지며, 그 기운은 우리 몸을 바르고 힘 있게 서도록 지지해 준다.

이때 우리는 느낄 수는 있지만 설명은 할 수 없는 인체의 신비한 자연현상을 경험한다.

그 3시간짜리 완전한 소진과 새롭게 채우는 경험은 우리에게 날개 없이 하늘을 날아다니는 황당하지만 건강한 꿈을 꾸도록 이끌어 준다.

"나 지금 뛰러 가는데 같이 안 갈래?"

나와 한 날 한 시에 마라톤을 시작한 아내가 어제 늦게 귀가하는 나에게 밤 11시에 한 전화이다.

비워진 충만감

마라톤은 탈진의 세계를 수시로 넘나들고 탈진으로부터 삶의 법칙을 깨닫는 놀이다. 가장 원시적인 움직임을 통해 가장 문명적인 혜택을 가져다주는 스포츠이다. 우리가 너무 많이 지니고 있는 여러 물질들을 달리기를 통해 덜어내는 운동이다. 비우는 것이 얼마나 의미 있는 행위인지를 반복적으로 체험하는 것이다.

법정스님은 '무소유'는 아무 것도 가지지 않는 것이 아니라 불필요한 것을 갖지 않는 것이라고 했다. 텅 빈 마음에 울림이 있고, 울림이 있어야 삶이 신선해 진다고 했다. 몸과 마음을 비우고 나면 삶이 자연스러워 진다.

무엇인가를 지니고 있으면 그것 때문에 마음을 쓰게 되며, 많이

가지고 있다는 것은 그만큼 많은 신경을 쓰게 된다는 것을 의미한다고 했다. 빈 공간이나 여백은 그냥 비어져 있는 것이 아니라 그 공간과 여백이 본질과 실상을 떠받쳐 주고 있다고 했다.
(법정스님의 잠언록에서)

내가 아무 것도 가지지 않고 아무 편견도 주장하지 않으면 나는 다른 것을 볼 수도 있고 새로운 것을 받아들일 수도 있게 되며, 따라서 독선과 오만에서 벗어날 수 있게 된다.

사람들은 말한다. 마라톤을 취미로 열심히 해도 밥이나 돈이 생기는 것도 아니지 않느냐고. 그렇긴 하다.

그러나 마라톤을 통해 아무 것도 얻어지지 않는 것이 오히려 주자들을 당당하게 하고, 아무 것도 얻어지지 않는 일을 열심히 하는 것도 진정한 무소유를 일시적으로나마 체험하는 것이다.

아무 것도 생기지 않는 일을 추구하는 사람들의 모임인 마라톤 클럽이 자유롭고 순수한 친선 모임으로 아름다운 것도 그래서 그렇다.

마라톤을 하기 위해서는 가장 최소한의 복장을 하고, 가능한 한 많은 노출을 통해 나에게 걸쳐진 짐들을 내려놓는다. 그리고는 몸

구석구석에 쌓인 노폐물과 에너지까지도 완전히 닳아 없어질 때까지 달리고 또 달린다. 매번 달릴 때마다 매번 기력이 끝까지 고갈된다.

　우리 몸 안의 에너지가 완전히 바닥났을 것이라는 느낌은 오히려 우리 인간에게 뭔가 다른 많은 것을 가진 듯 한 느낌을 갖게 한다.

　그것이 무엇일까?

　다 비운 충만감.
그것은 역설적으로 현대인들이 갈구하는 스스로에 대한 자부심, 성취감, 행복감, 뿌듯함 같은 것과 통한다.
마치 물이나 바람 혹은 다른 물리적 힘으로 모터를 돌려 전기 에너지를 얻어내는 것처럼 물리적, 신체적 힘을 사용하여 만족감, 행복 등과 같은 화학적 결과물을 얻어내는 것이다.

　자기 노력 하나로 물질 에너지를 용해하여 정신적 감정을 만들어 낸다는 묘한 성취감은 많은 사람들이 '달리기가 그냥 좋다'라거나 '왜 그런지 모르게 달리기에 빠져 든다'라는 등의 알지 못할 이유를 어느 정도 설명해 줄 수도 있다.

마라톤을 통해 얻는 귀중한 경험은 바로 그 공백의 경지이다. 공백의 경지는 늘 채워진 공간의 맨 끝에 놓여 있다. 어느 길이든 끝에 도달하면 늘 새로운 길이 나오고 거기서 시작되는 새로운 지도가 있었다.

그 끝 세상에 '무'의 세계가 존재하고 있었다는 사실을 깨우치고, '유(有)'와 '무(無)'가 어느 정도 균형을 이루는 것이 중요하다는 것을 알게 된다.

그 동안 우리는 습관적으로 '유'의 세계만 보고 '유'의 세계에만 집착해 왔으며, 경제와 물질문명이 발달할수록 유형적 물질에 대한 가치가 우선해 왔다. 오늘날 서점은 줄어들고 식당과 옷 가게와 노래방이 늘어난다. 삶의 지혜와 통찰을 가르쳐주는 사람보다는 밥 사주고 선물 사 주는 사람이 더 고맙고 깔끔하다. 따라서 물리적으로 아무 것도 얻지 못하는 마라톤을 열심히 하기가 그만큼 어렵다.

그러나 마라톤을 통해서는 아무 것도 얻지 못하는 것이 아니라 〈빈 것〉을 얻는다고 생각하는 것이 속 편하다. 공간이 존재하지 않는 것과 빈 공간이 존재하는 것과는 차이가 있다. 현재 존재하지 않는 것은 향후에도 특별한 발명이 없는 한 존재하지 않으나, 빈 존재는 향후 채워질 공간이다.

'무', 즉 빈 공간은 대화에서는 침묵이며 음악에서는 쉼표, 화가나 건축가에게는 물체들 사이의 음의 공간이고, 과학자들에게는 진공이며, 수학자들에게는 제로, 철학자들에게는 허무이다.

우리 몸에 통증이 존재하지 않는 것은 우리 신체의 각 부분이 잘 돌아가고 있다는 것이지 신체 각 부분이 없는 것은 아닌 것이다. '무'가 던지는 문제 제기는 늘 이걸 통해서 얻는 것이 무엇인가 하는 애매모호한 내용이며, 그 주제에 대해 분명한 해답을 내놓기가 쉽지 않다는 점이다.

성철 스님은 무소유의 정신으로 8년 동안 한 번도 눕지 않고 '장좌불와(長坐不臥)', '동구불출(洞口不出)' 참선을 했는데 우리 달림 이들도 그 무소유를 잠시 경험하기 위해 애를 써서 달리고 있다면 너무 거창하고 무례한 비유일까?

서로 벗은 몸으로 마주 치는 것만으로 우리는 친근감을 가질 수 있다. 하긴 복잡하고 앞날을 예측하기 어려운 오늘의 사회에 살고 있는 우리는 너무 두꺼운 옷을 걸치고 있다.

그 겹겹이 입고 있는 옷 안에 우리는 너무 많이 감추며 살고 있다. 한 가지를 감추기 시작하면 그것을 설명하기 위해 연관된 다른 것

들도 감추어야 하고, 그 상태를 유지하기 위해 우리는 긴장도를 더욱 높여야 한다.

오늘날 삶의 질이 윤택해지고 과거에 비해 더 많이 가졌는데도 불구하고 우울증이 증가하고 삶이 힘겹게 느껴지는 것은, 숨기고 빼앗기지 말아야 할 것들이 너무 많아졌고, 그것들이 행복감을 주는 것이 아니라 삶의 긴장과 스트레스를 높이기 때문일 것이다.

벗어 던져버리면 그것들로부터 오는 압박이 감소할 것이다.

너무 많이 걸치고 있는 옷들을 벗고 만나보자. 그러면 우리 사이에도 더 깊은 신뢰가 쌓일 것이다. 벗어 던지고 나서 얼굴에 땀과 마른 소금기운을 묻힌 채로 서로 대해 보자.

서로 상대의 맨 얼굴을 대하면서 평소 이해할 수 없었던 상대의 신비감의 밑바닥 이면을 공유하게 될 것이다. 벌거벗은 피곤한 몸을 보여주면서 더 이상 보여 줄 것이 없어진 나는 이제 홀가분한 마음으로 그를 대할 수 있다. 상대도 나와 같게 될 것이다.

사회의 진흙탕 싸움에서 온갖 전술과 사악한 경쟁을 하는 동안 메마른 인간성을 배양하게 된 우리 개개인들도 막상 마라톤 동호회에서 만나면 다른 사람이 된다.

그것은 함께 벗고 땀 흘리며 달렸기 때문일 것이며, 더 이상 그에게는 감출 것도 과장할 것도 없기 때문일 것이며, 그로 인해 속 시원한 쾌감을 서로 공유하기 때문일 것이다. 그것이 마라토너들 사이에 쌓이는 신뢰의 바탕이다. 우리는 서로 비슷한 모습에서 경계심을 없애고 친근감을 가지며 비워진 충만감을 서로 채워가는 것이다.

달리면 활성화되는 존재감

내가 달리면 주변의 사물도 달린다.
모든 것이 활성화된다

　가만히 정지하여 서 있는 것은 1차원적 존재, 천천히 걷는 것이 2차원적 존재라면 점프하며 달리는 행위는 3차원적 존재의 표시라고 할 수 있다. 점이 아무 에너지를 형성하지 않는 무 존재라면 달리는 행위는 공간적 좌표를 가지며 입체적으로 에너지를 발산하는 존재방식이다.

　달리면 좌표가 이동하고 존재감이 발생한다.

　내가 살아서 적극적으로 움직인다는 것은 그로 인해 주변의 죽어 있던 사물을 살려내는 시발점이다. 내 하나가 달림으로써 많은 것들이 살아난다.

몸이 아프다거나, 혹은 밖에 눈이나 비가 많이 와서 집에 하루 종일 틀어 박혀 고요하고도 정적인 시간을 보내 보라.

내가 고요히 있는 시간에는 나뿐만 아니라 내 주변에 놓여 있는 의자나 소파, 가방, 분주히 쏘다니던 신발, 온갖 정보를 쏟아내던 컴퓨터, 벽에 걸린 그림, 가족사진, 나를 움직이게 하던 운동기구, 입고 다니던 외투 등이 모두 표정 없이 정지해 있다.

내가 정지해 있는 동안은 그것들도 움직이지 않고 고요히 존재한다. 마치 그것들 스스로가 오래 전부터 거기에 부착되어 있는 박제처럼 그 자리에 움직이지 않고 있다.

소파나 의자에 비스듬히 몸을 기대어 그것들을 쳐다보면 그 사물들 또한 비스듬한 형태로 존재하는 것처럼 보인다. 내가 눈을 감으면 주변의 모든 사물들도 따라서 눈을 감는다.

사람은 뛰어 다니다 보면 걸어가고 싶고, 걸어가다 보면 편히 앉아서 쉬고 싶어진다. 쉬면 더욱 편한 자세로 잠들고 싶어진다. 그것이 익숙함과 자연스러움을 추구하는 대부분의 사람이 지닌 욕구의 본 모습이다.

그러나 어느 시간 동안 눕거나 쉬어보면 그 쉬고 있는 자세가 그리 편한 것만은 아니라는 것도 오래지 않아 깨닫게 된다. 처질수록 피곤하다. 어느 자세든 한 가지만 유지한다는 것은 힘 드는 일이다. 스스로 나태해 지고 있다는 느낌이 들지만 움직이기도 귀찮다.

이때 마음을 바꾸어 강물의 하류에서 상류방향으로 거꾸로 헤엄치는 물고기처럼 적극적으로 몸을 일으켜 달리기를 하러 나간다.

일어나서 옷을 주섬주섬 바꾸어 입으면서부터 나의 생각은 적극적이고 공격적으로 바뀐다. 그 동안 조용히 있던 마음이 활발히 움직이기 시작한다. 그러면 이제까지 정적으로 존재하던 탁자며, 그림이며, 가족사진이며 하는 것들이 동시에 생명과 활력을 되찾는다.

그것들은 그 자리에 고요하게 존재했던 것이지만, 이제부터 각자 나름대로 의미를 갖게 되고, 그 의미들을 적극적으로 구현하기 시작한다.

운동복을 입은 나는 주변의 사물들과 여러 가지 의미를 교류하며 문밖으로 이끌려 나간다. 나는 어느 길로 달릴 것인지 결정도 하지 않고 달리기를 시작한다. 몸이 달리면 마음도 함께 달린다.

그 동안 정지해 있던 주변 상점들이나 그 상점 안을 오가는 사람들, 멈춰 있던 버스나 택시들, 도시의 고층 빌딩들 – 이 모든 것들이 나의 적극적 달리기와 동시에 활성화된다.

강변을 달리면 강물이 넘실거리며 흐르고, 고기들이 퍼덕거린다. 물 위에 떠있던 배들도 움직이고, 나무와 새들도 함께 움직이며 노래한다.

달리면 깨어나는 것은 우리의 의식뿐 아니다. 우리가 지니고 살지만 인식하지 못하는 몸속의 장기들도 움직이면서 재발견된다. 평소 장기의 존재를 인식하지 못하는 것은 그만큼 장기가 말썽을 일으키지 않는다는 것이며, 몸이 건강하다는 증거이다.

그런 장기들이 달리기를 하는 동안 존재감을 나타낸다. 뇌가 움직이고 팔다리가 움직이면 몸속의 심장이나 허파와 같은 모든 장기들도 따라서 움직인다. 장기들이 존재감을 드러내는 순간 우리는 그 장기들에 대해 고마움과 애착심을 새롭게 갖게 된다. 아껴 써야지.

나의 움직임으로 인해 주변의 사물들도 함께 생명을 얻는다. 내가 빨리 움직이면 그만큼 그 사물들의 움직임도 빠르다.

사물들은 이제 이름을 갖기 시작하며, 그 자리에서 존재의 이유를 확인한다.

달리기는 내 몸을 움직여 마음을 움직이게 하고, 그 활성화된 마음으로 주변 사물까지도 함께 살아 숨 쉬게 하는 자극제가 된다. 내가 달리는 이유는 몸 안에 숨겨져서 느낄 수 없었고, 그래서 잊고 살았던 육체의 신비로움과 고마움을 새삼 하나씩 일깨우는 것이기도 하다.

알고 있는가? 사람만이 1백킬로를 쉬지 않고 달릴 수 있다는 사실을

사람가운데 극악무도하거나 저급한 행위를 한 경우를 두고 '짐승 같다'고 표현하는 것은 동물에 대한 모독이라고 한다. 동물은 그와 같은 비 인륜적인 행위를 저지를 만큼 악하거나 전략적이지 못하기 때문이다. 모두 인간이 자신들의 관점에서 만들어낸 주장이라는 것이다. 역사적으로 보아도 동물이 전쟁을 일으켰다거나 끔찍한 대량학살을 했다는 기록은 없다. 동물은 그냥 주어진 삶에 적응하면서 살 뿐이다.

마라톤의 거리가 42.195킬로인데 그것도 부족하다고 생각하는 사람은 1백킬로 울트라 마라톤에도 도전한다. 인간은 도전함으로써 역사를 쓴다. 1백킬로에 도전하는 사람들은 그 1백킬로를 한 걸음도 걷지 않고 달리기를 시도한다. 그들 가운데 선두권은 1백킬로

를 약 7시간 만에 주파한다. 인간은 달리기를 주특기로 하지는 않지만 일설에 의하면, 세상에 존재하는 모든 동물 가운데 1백킬로를 쉬지 않고 꾸준한 속도로 달릴 수 있는 것은 인간이 유일하다고 한다.

말이나 호랑이, 타조 등과 같은 동물이 달리기에 관한 한 사람보다 빠르고 육체적으로 강한 것 같지만 실제로는 그렇지 않다. 강한 육체만 가지고는 1백킬로를 무난하게 달릴 수 없다.

1백킬로를 한시도 쉬지 않고 계속 달리기 위해서는 달리는 동안의 고통을 인내하고 목표를 이루고자 하는 집념과 장거리 달리기 전략이 있어야 하는데 동물들은 그런 것들이 없기 때문이다.

달리기 고수인 말이나 타조와 같은 동물들은 안타깝게도 1차원적인 사고체계를 가지고 있다. 1차원적인 사고란 외부에서 주어지는 자극에 대해 뇌에서 일정한 순환구조를 거치지 않은 채 단순하고 즉각적이며 본능적으로 반응하는 것을 말한다. 1차원적 사고는 자신의 행위에 대해 상대방의 반응을 유추하거나, 상대방의 입장에서 해석해 보거나, 상대방의 전략을 파악하여 자신의 다음 전략을 구사하거나 하는 등의 사고를 하지 않는다는 것이다.

이에 비해 인간은 치밀하고 전략적인 다차원의 사고체계를 가지고 있다.

　씨름선수 출신으로 방송계에 진출한 강호동씨는 어느 인터뷰에서 씨름경기를 할 때 샅바를 잡으면서 이미 6단계 너머의 작전을 내다본다고 말한 바 있다. 즉, 샅바를 잡으면서 전달되는 상대방의 힘의 이동을 감으로 느끼고, 이에 따라 자기의 초동 행동을 결정하며, 이렇게 시도된 본인의 초동 행동에 따른 상대의 대응을 예상하고, 그 예상되는 대응에 따른 본인의 다음 단계의 전략을 구사한다는 식으로 6단계까지 미리 머릿속에 준비를 해 둔다는 것이다.

　정확하게 그것이 6단계인지는 확인할 수 없으나 그가 어떤 일을 할 때 여러 단계의 뒷일을 미리 짜두는 것만은 분명해 보인다.

　인간의 행동은 동물과는 달리 하나의 이유로 설명되지 않으며, 여러 가지 복합적인 전략의 표출이다.

　표현에 있어서도 마찬가지다.

　동물은 주어진 상황에 따라 바로 행동하고 표현도 단순하지만, 인간은 여러 가지 의미와 함축성 있는 표현을 한다. 한 마디의 말에 여러 가지 뜻을 담아내기도 하며, 아무 의미 없는 말을 넌지시 던져 보

기도 한다. 동물은 자기의 행위에 대해 결과를 고려하지 않지만, 인간은 행동의 결과를 예측하며, 사후 피드백이라는 절차를 거치고 잘못에 대해서는 스스로 반성하기도 한다.

사람은 동물과 달리 상대의 기분에 따라 마음에 없이 기분을 맞추어 주기도 하며, 자신의 원래 의도를 숨길 줄도 안다.

상대의 기분이 나쁘다고 판단되면 원래 하기로 했던 부탁을 잠시 보류하기도 하며, 상대가 기분이 좋을 경우에는 당초 의도하지 않았던 부탁을 즉석에서 하기도 한다. 또한 속상한 일이 있어도 때와 장소에 따라서 기분을 삭이기도 하며, 기분에 따라 표현의 수위를 조절할 수도 있다.

얼핏 생각하면 이런 점들은 당연한 것 같지만 사람과 동물 간에 큰 차이이고 같은 사람 사이에도 차이가 있다.

사람은 대개 자기 자신을 객관화하여 보기도 하며, 스스로를 냉정하게 분석, 파악하기도 한다. 스스로를 객관화하여 분석적으로 볼 수 있는 능력이야 말로 인간이 스스로 발전을 할 수 있는 가장 중요한 요소이다.

스스로를 성찰하고, 잘잘못을 깨달으며, 자기가 지닌 잠재력을 발견하고, 그것을 계발하는 것. 파국으로 몰아가는 나쁜 습관을 파악하여 그것을 수정하려는 노력. 이런 것들이야 말로 인간을 인간이게 하는 최대의 자산인 것이다.

하지만 사람도 6세가 되기 전까지는 동물처럼 상황에 본능적인 반응을 한다. 아기는 배가 고프면 울고, 부족한 것이 없으면 그냥 지낸다. 그래서 인간도 전략적인 사람이 되거나 거짓말을 하거나 하려면 6세가 넘어야 한다고 한다. 그 나이가 지나야 비로소 전략적인 사고를 하기 시작하며, 점차적으로 사회생활을 함에 따라 상대의 입장과 지적 수준을 파악할 수 있게 된다.

동물도 어떤 경우에는 페인트 모션이나 자신의 의도를 숨기는 것 같은 이중 행위를 하는 듯 하나 실제로 이는 오랜 기간 반복 학습에 의한 습관적 행위일 따름이라고 한다.

오늘날 우리가 속한 사회의 발전은 이처럼 인간의 전략적 사고와 노력의 결과물이며, 내일은 오늘보다 나아지려고 하는 사람들의 지속적인 혁신 노력의 산물인 것이다.

연약한 인간이 마라톤 풀코스를 완주하고 그것도 부족해 1백킬로

에 도전하고, 그 먼 거리를 기어이 완주하고야 마는 것도 또한 동물과는 다른 인간의 고유한 특징 때문일 것이다.

몸 먼저 골인, 고통은 나중에 골인

마라톤으로 인간의 한계를 체험하고 극단적인 고통을 경험하게 될 수 있는 것은, 마라톤을 통해 생성되는 고통이 마라톤 종결 이후 어느 정도 시간이 지난 후에 찾아오기 때문일지도 모른다.

마라톤 완주를 해 보면 언제나 주자가 먼저 골인지점을 통과하고 난 이후 약간의 시간이 지나고 나서야 고통과 마비가 골인을 한다. 이것은 마치 음식을 많이 먹으면 시간이 다소 흐른 후에 배부름을 느끼게 되는 것과 비슷하다.

마라톤으로 달리는 거리와 고통이 그림자처럼 같은 시간대의 사이클은 아니라는 것이다.

1992년 여름, 스페인에서 열린 바르셀로나 올림픽 마지막 날. 마라톤에서 월계관을 목에 건 황영조 선수의 골인 장면을 떠 올려 보자. 마라톤은 폐회직전에 열리는 올림픽의 꽃으로서 우리는 지구 반대편에서 열리는 황영조 선수의 골인장면을 다음 날 새벽까지 하얗게 뜬 눈으로 지켜 보았다.

후반 막바지 황영조와 함께 유명해진 〈몬주익〉언덕에서 일본의 〈모리시다〉선수를 따돌린 황영조 선수는 올림픽 주경기장이 있는 스타디움을 돌 때까지만 해도 밝고 자신감 있는 표정으로 관중들에게, 그리고 고국에서 응원하는 우리들에게 손을 흔들고 입맞춤을 하면서 승리의 기쁨을 누리는 듯 했는데 막 결승점을 통과한 직후 곧바로 얼굴을 그라운드에 묻으면서 쓰러졌다.

쓰러져 엎드린 그의 모습에서는 들썩이는 가슴만이 간신히 남아 있는 것 같았다. 최선을 다하고 쓰러진 대한민국 국가대표 선수의 모습은 우리 국민들에게 무한한 긍지와 감동을 선물해 주었다.

그것이 마라톤에서의 달린 거리와 고통과의 시간차 관계인 것이다.

만일 그 쓰러질 정도의 고통과 정신적 혼미가 마라톤 거리와 같은 시간대로 진행되었거나 마비현상이 한 순간이라도 먼저 왔다면 황영조 선수는 스타디움에 도달하기 전에 이미 쓰러졌을 것이고, 마라톤 완주는 불가능했을 것이다.

결승점을 통과하고서야 주자들은 비로소 본인의 에너지가 완전히 소진되었음을 감지한다. 골인 아치를 통과해야 탈진이 물밀듯이 밀려오며, 몸을 움직일 수 없을 정도의 마비현상이 신체의 구석구석에서 진행된다.

마비는 대개 골인을 하기 전에는 사람 찾아오는 것을 참는 모양이다.

주로를 달릴 때는 윤활유와 같은 분비물이 체내에서 형성되어 신체 구석구석에 배분되다가 달리기를 멈추면 분비과정은 중단되고, 그 분비된 물질이 몸속에서 굳으면서 신체가 딱딱해 짐을 느낀다. 그래서 더 이상 달릴 수 없게 되는 것이다.

이런 현상은 육체의 고통을 정신이 방어해 주기 때문일 것이다. 인간의 정신력이 육체적 에너지가 다했는데도 아직 움직일 수 있도록 도와주기 때문이다. 마라톤 주자 들이 정신력의 신비함을 직접 경험하는 순간이기도 하다.

마라톤의 통쾌한 성취감은 이렇게 스스로 감당할 수 없는 신체적

한계를 절감할 때 최고조에 이른다.

조용한 걷기를 함으로써 신체적 한계에 도달하지 않거나, 순간 달리기를 하여 호흡이 먼저 바닥이 나는 경우에는 이와 같은 경이로운 마비현상과 정신력의 위대함을 경험하기가 쉽지 않을 것이다.

고통이 골인보다 늦게 찾아옴으로써 주자들은 능력의 한계상황을 경험하고, 그 한계를 넘는 훈련과 실전을 반복함으로써 더욱 강인한 육체로 거듭나게 된다.

이렇게 스스로의 노력으로 능력을 초과 달성함으로써 주자들은 다시 해냈다는 기쁨과 자부심을 갖게 되고, 그것이 더 높은 경지로 도전하는 계기가 된다.

평범한 능력을 가진 일상 생활인이 어느 날 백리 길을 쉬지 않고 빠른 속도로 달릴 수 있게 되는 것이 이런 원리에서 비롯된다.

마라톤을 완주한 후 한 걸음도 걷지 않고 뛰어온 거리를 되돌아보면 스스로도 경이로움을 느끼지 않을 수 없다.

혼자는 고통, 함께 하면 축제

혼자서 집을 보고 있는 강아지.

꼬리를 내리고 몸을 둥글게 감은 강아지는 눈을 땅 밑으로 깔고 맥없이 턱을 괴고 있다. 주인이 없으면 하루 종일 그런 자세로 있다. 그러다가 주인이 나타나면 갑자기 벌떡 일어나 꼬리를 흔들며 반가워한다.

아이들도 마찬가지이다.

분주한 어린 시절, 우리는 주변에 사람이 있거나 같은 또래의 친구 어린이와 함께 있을 때는 분주하게 돌아다니는 개구쟁이였다. 목적도 방향도 없이 왔다 갔다 뛰어 다니며 놀곤 했다.

이성으로 무장하고 있는 어른이 보기에는 별로 즐거울 것 같지 않지만 아이들은 똑같은 행위를 몇 번이고 되풀이하며 뛰어 논다.

아이들도 그러나 홀로 있을 때는 분주하게 돌아다니지 않는다. 혼자서는 의욕을 잃어버리고 의기소침해 있다.

강아지나 아이들뿐만 아니라 대부분의 생명체들이 이런 경향을 지니고 있는데 이것이 바로 '사회성'이다. 사람을 포함한 모든 생명체는 생물학적으로 주변의 다른 요소에 의해 영향을 받는다. 가만히 모여서 지내던 새떼들도 어느 한 마리가 갑자기 날기 시작하면 곁에 있던 다른 새들도 푸드덕 따라 날고, 사슴이나 기린 같은 동물들도 마찬가지다.

사람도 주변 사람이 웃으면 따라서 웃음이 나게 되고, 슬퍼하면 함께 슬퍼진다.

달리기에서도 소집단 가운데 한 사람이 속도를 올리면 나머지 사람도 따라서 속도를 올리게 되고, 다른 사람이 달리면서 힘든다는 표정을 지으면 옆에서 달리는 사람도 같은 표정이 된다. 앞서가던 주자가 갑자기 팔을 내리면 다른 주자도 따라 하게 되고 한 주자가 헛기침을 해도 주변주자가 따라 한다. 이것은 '감정의 전이 현상'이며, '본능적 공감현상'이다.

페이스메이커의 역할이 중요함을 새삼 일깨워주는 대목이다. 이렇게 하여 어느 정도 시간이 지나면 그 소집단에는 나름대로 집단적 지능이 형성되고 그것이 성숙하면 집단 문화가 된다.

사람은 주변에 사람이 있으면 같은 일이라도 더 열심히 하게 되고, 그 성과도 더 높아지게 되는데 이런 현상을 심리학에서는 '사회적 촉진'이라고 한다.

스포츠 분야 최초의 심리학자였던 미국의 〈트리플랫〉 박사는 사이클 선수들을 대상으로 실험을 했는데 선수들이 혼자일 때보다 다른 선수와 함께 달리는 것이 기록 단축에 효과적이라는 점을 발견하고 이런 현상을 '사회적 촉진(Social Facilitation)'이라고 명명했다.

그에 따르면 이와 같은 '사회적 촉진'현상에는 두 가지가 있는데, 하나는 자신의 행위에 함께 참여하는 사람이 있을 때 나타나는 '공동행동효과(Co-action Effect)'이고, 다른 하나는 자신의 행위 시간에 주변 관중이 있을 때 나타나는 '관중효과(Audience Effect)'이다.

'공동행동효과'의 예로는 집에서는 밥을 잘 안 먹던 아이가 학교에 가서 친구들과는 함께 밥을 잘 먹는다든지, 마라토너도 페이스메

이커가 있을 때 기록이 더 좋게 나오는 것 등이다.

사회적 동물인 사람은 관중이 있을 때는 평소에 하던 운동경기라도 더욱 열심히 하며, 특히 남자들은 여자 관중이 있을 때 더 열심히 하는 경향이 있다고 한다.

또 다른 학자들은 관중효과나 공통행동효과가 동물들에게도 비슷하게 나타난다고 주장했다.

닭의 경우에도 한 마리가 홀로 있을 때보다 여러 닭이 함께 있을 때 모두가 모이를 1.5배 이상 더 많이 먹었으며, 개미들도 다른 개미들과 함께 있을 때 일을 더 열심히 하더라는 것이다.

어떤 특별한 학자는 바퀴벌레 달리기 실험을 시켰는데 여러 마리가 동시에 달렸을 때 그것들이 더 빠르게 달렸다고 한다.

사회적 촉진과는 반대되는 것으로 타인의 존재가 능률을 저하시키는 경우도 있다.

이런 현상은 주로 복잡한 그림을 맞추거나 어려운 수학문제를 푸는 등 과제가 어려울 때 잘 나타난다고 한다.

학창시절 수학시험을 볼 때 감독이 옆에 있으면 문제풀이에 집중하지 못하거나, 혼자서 연습할 때는 제법 잘 했던 음악이나 체육실기도 선생님과 친구들 앞에서는 제 실력을 발휘하지 못했던 경험도 그런 것이다. 이를 '사회적 저하'라고 한다.

타인의 존재가 생체 활동에 각성과 흥분을 유발시키기 때문에 능력이 촉진되거나 저하된다는 현상이다.

타인에 의해 성과가 달라지는 것은 그 사람이 그 분야에서 전문가인지 여부에 따라 많이 달라진다고 하는데, 대개 어떤 분야의 전문가들은 관중이나 공통 행동자가 있을 경우 각성의 증가로 사회적 촉진이 이루어져서 좋은 성과를 내지만, 실력이 부족한 아마추어의 경우에는 오히려 평소 실력도 발휘하지 못하는 사회적 저하현상이 더 많다고 한다.

이외에도 '사회적 태만'은 줄다리기처럼 다른 사람과 하나의 목표를 공동으로 수행할 때 다른 사람에게 의지를 함으로써 본인은 태만해지는 것을 말한다.

마라톤 클럽에 가입하여 다른 동료주자들과 함께 달릴 경우 달리기 성과가 더욱 향상되는 것은 이와 같은 사회적 촉진효과 때문이다.

마라톤 30킬로 이후부터 에너지가 고갈되어 달리기가 힘들어 졌을 때 골인지점에서 기다리고 있을 동호회 친구들이나 가족들의 얼굴을 상상하면 새로운 에너지도 얻게 되고 기록도 좋아진다는 사실도 좋은 관중효과의 사례이다.

어느 짓궂은 염라대왕이 자기를 찾아온 인간에게 질문을 한다.

"천당에서 혼자 사는 것과 지옥에서 다른 사람과 더불어 사는 것, 이 두 가지 가운데 한 가지를 선택하라"

나도 언젠가는 이런 시험대에 오를 것인데 이때 어떤 선택을 하는 게 좋을까?

에라, 잘 모르겠으니 다른 사람들이 많이 선택한 것으로 염라대왕께서 알아서 해 달라고 대답한다. 내가 간 곳은 '다른 사람과 더불어 사는 지옥'이었다.

천당도 지옥도 제대로 경험해 보지 못한 사람들이니 하는 우스갯소리일 수 있으나, 사람살이든 어떤 이벤트든 사람이 많이 모여야 흥이 돋는 법이다.

마라톤만큼 많은 사람이 모이는 이벤트에 내가 당당히 일원이 되는 기회를 만나기는 그리 흔치 않다.

달리기라는 동일한 주제를 두고 서로 다른 많은 사람들이 펼치는 마라톤 이벤트에는 이래저래 흥겨운 일들이 생겨난다.

많은 주자가 일시에 달리다 보면 발자국 소리도 요란한데 여러 사람의 달리는 소리가 모이면 그 소리도 하나의 정취를 지니는 화음이 된다.

여러 사람의 발자국 소리는 자세히 들어 보면 주자마다 제 각각이다. 아마 그들의 발 모양과 신발 바닥의 재질과 크기, 그리고 착지 형태에 따른 차이 때문일 것이다.

조금씩 다른 그 착지소리는 어느 정도 시간이 지나면 점차 하나의 익숙한 소리 모임이 된다. 그 모임 속에 나의 착지소리도 일부를 차지한다.

발자국 소리는 하나 둘일 때는 화음을 만들다가 하나가 더 보태지면 약간의 간섭이 되고, 그 이상이 모이면 영화에서 들을 수 있는 말발굽처럼 불규칙한 조화가 된다. 나는 그들의 발걸음 소리에 맞추어 달리면서 나름대로의 리듬감을 찾고, 그들은 내 발걸음 소리에 의해

리듬을 유지한다. 발걸음을 통한 리듬이 장단을 만든다.

우리는 서로가 동반주자이자, 하나의 달리기 단위가 되는 것이다.

술집에서 우연히 만나 합석을 하듯 어디서 와서 무슨 사연으로 이 시간에 함께 달리게 되었는지 각각의 사연은 알 수 없으나, 동반 주자끼리 서로가 알게 모르게 정서적 교감을 하는 것은 분명하다.

마치 어느 시골길 낯선 버스 안에서 이름도 성도 모르는 여행객과 옆자리에 앉아 동반 여행하는 것과 같다고 할까? 덜커덩거리는 차의 흐름에 따라 속 모르는 우리 여행 단위는 같은 방향으로 한참 동안 흔들거렸다.

동반 주를 하는 우리는 서로의 달리기에 적지 않는 영향을 미친다. 서로의 보폭과 스피드와 호흡 방법 등 달리기 전반에서 서로를 의식하기 때문이다. 이 달리기 소규모 단위는 자체적인 자율성을 형성하게 되어 맨 앞에서 달리는 주자가 페이스메이커가 된다. 우리는 그 맨 앞 주자의 속도에 따라 조금씩 빨라졌다 늦어졌다 한다. 달리기 속도뿐만 아니다. 우리의 이 소규모 달리기 단위는 거대한 세상의 작은 일시적 사회가 된다. 이 소규모 사회에도 나름대로 질서가 형성되고, 그 질서 아래에 우리는 서로 협조하고 보호하는 시스템을 갖는다.

이 달리기 대형은 얼마간의 시간이 지나면 흐트러지지만, 우리 각자는 이 작고 일시적인 대형에서 질서의식과 협동심을 익히게 된다.

백리 길을 달리면서 이런 시스템 학습의 기회는 수시로 반복되며, 이 반복학습을 통해 달리기 에티켓도 자연스럽게 몸에 익숙해진다.

이 학습 대형은 마치 거대한 '퍼즐 맞추기'와 같아서 내가 방금 다른 대형에 합류하기 위해 이탈한 자리에 다른 주자가 곧 채운다. 기존의 대열을 이탈한 나는 다시 다른 대형의 한 퍼즐 조각이 된다. 이 퍼즐 맞추기는 마치 하늘에서 장기를 두는 신처럼 어떤 보이지 않는 손에 의해 예정되어 있는지도 모를 일이다.

우리의 짧은 인연은 어느 한 조각의 이탈로 끝나는데, 나는 이 동반 주 대형에서 많은 만남과 헤어짐을 반복하며, 인연은 영원하지 않고 바람처럼 스쳐지나 간다는 것을 또한 배운다. 그리고 서로가 마치 차력(借力)을 하는 것처럼 나는 동반주자로부터 힘을 얻고 동반주자 역시 나로부터 달리는 에너지를 보충할 것이다.

인간은 서로 얽혀 관계를 맺으면서 사는 것에 익숙하기 때문에 대

열이 흐트러지면 모두가 리듬도 흐트러지고 힘도 잃는다.

우리의 동반 주 대열은 1년에 몇 번씩은 동아마라톤이나 춘천마라톤처럼 조직화, 대규모화된다. 마치 계절이 바뀌면 '대이동'을 감행하는 날짐승 들짐승 같다고 할까? 소규모 학습을 통해 협동심과 체력을 비축한 우리는 매년 봄가을이 되면 수만 명이 모여 푸른 창공이 아닌 도시 한 가운데를 대이동한다.

캐나다 서부지역에 사는 방울뱀은 1년에 두 번 봄 가을에 대이동을 감행하는데, 그것들은 대이동을 위해 충분한 영양분과 치밀한 전략을 오랫동안 준비한다고 한다.

방울뱀뿐 아니라 기러기를 포함한 많은 새들과 바다거북, 캐나다 두루미, 나비 류, 영양 등도 대이동을 한다.

이런 동물들의 대이동이 우리 인간에게 감동을 주는 것은 그것들이 이동을 하면서 겪게 되는 난관과 그 난관을 함께 극복하는 지혜, 불가사의한 방향감각과 자연의 이치를 거스르지 않는 타고난 능력들이다.

동물들의 대이동은 먹이를 얻고 생존을 하기 위한 타고난 내재적 본능이라고 하는데 오늘 우리 인간이 한데 모여 대이동을 하는 이유는 무엇일까?

동물들은 이동 중 어떤 유혹에도 흔들리지 않으며, 각자가 지닌 에너지를 적절히 배분하면서 놀라운 집중력을 보인다. 이 집중력이 그들의 대이동을 성공하게 하는 가장 핵심적인 요소라고 생물학자들은 말한다.

거의 3만 명에 육박하는 우리 뜀꾼들의 집단도 3시간이 넘는 시간 동안 마라톤에 집중하지 않으면 집단적 대이동에 성공할 수 없을지 모른다.

고요히 지내던 강물도 여름 홍수를 맞아 밑바닥까지 뒤집혀 정화되고, 철새와 고기들도 때를 만나면 대이동을 감행하듯 자연의 법칙은 어떤 힘의 작용에 의해 주기적인 대이동을 함으로써 스스로 정화와 정돈과정을 갖게 한다.

책상 앞에 앉아 전 세계를 볼 수 있게 하는 디지털 기술도 사람과 짐승들의 대이동 욕구만은 바꾸지 못하는 모양이다.

42.195킬로 = 무한대

'천리 길도 한 걸음부터'라는 속담은 마라톤에서 비롯된 것일까? 마라톤 전체 거리를 단번에 쓱 도달하면 좋겠지만 우리 인간은 그런 거인이 못 된다. 개미처럼 인간도 이 초 장거리를 티끌 같은 한걸음 씩 모아서 완성해야 한다. 상상할 수 없는 이런 과제를 해결하는 데 는 현실적인 이론의 틀을 넘어서야 한다.

1백리 길을 한 걸음씩 잘게 쪼개면 그 거리는 무한대가 되고, 주 자는 이 무한대를 완주해야 한다는 초 이론적인 이론이 오히려 현 실적이다.

IBM 연구원으로 수학자이자 기하학자인 〈만델브로트〉 박사는 어떤 형체의 세부 구조는 전체 구조의 모습을 무한대로 반복함으로

써 구간 내의 일정한 거리도 잘게 쪼개면 무한대가 된다는 이론을 체계화하여 노벨상을 받았는데 그가 창시한 것이 '프렉탈 원리'이다. 과학자들이란 참으로 신기한 상상을 하고서는 그것을 절묘한 논리로 증명을 하는 사람들이다.

'프렉탈 이론'에 따르면 특정 구간의 해안선이라도 그 길이는 무한대라고 한다. 해안선의 모양은 지도상 나타나는 것을 육안으로 볼 때는 단순하고도 굵은 선으로 이루어져 있지만, 실제 해안선은 헤아릴 수 없이 많은 모래로 잘게 구성되어 있어서 그 거리를 연결하면 무한대에 이르게 된다는 것이다.

모든 구간은 이론상 둘로 나누어지고, 둘로 나누어 진 거리는 다시 넷으로 나누어진다. 나누어지는 과정은 무한히 반복될 수 있고, 따라서 그 거리는 무한대가 된다.

이 논리는 토끼와 거북의 경주와 비유되는 개념으로 토끼는 앞서가는 거북이를 절대로 추월할 수 없다는 것이다. 토끼가 거북이 뒤를 바짝 쫓아와서 이제 거북이를 추월하고자 거리가 같아지려는 순간 거북이 앞으로 조금 전진해 버리기 때문이다.

이런 발상에 의해 우리 주자들은 마라톤 대회에 나갈 때마다 무한대의 거리를 완주하게 된다는 야릇하면서도 모순적인 결론에 도달하게 된다. 다행스러운 것은 마라톤 골인지점이 거북이처럼 살아있는 생물체가 아니어서 앞으로 이동하지 않는다는 점이다. 만일 골인 지점이 신기루처럼 이동을 한다면 우리는 토끼와 거북이 달리기처럼 완주할 수 없게 된다.

또 다른 재미있는 주장은 우리 주자들은 겉보기에는 기다란 직선도로를 달리는 것 같지만 실제 우리의 한 걸음 한 걸음은 직선이 아니라는 것이고, 우리는 수많은 한 걸음을 곡선으로 이어 달리는 것이며, 우리가 달린 그 거리 또한 무한대의 길이가 된다는 것이다.

실제로 마라톤 대회에서 주로에 표기된 직선 길을 달리지 않고 좌우로 왔다 갔다 하는 아마추어 달림이의 경우 정해진 42.195킬로 보다 많게는 1~2킬로 이상을 더 달리게 된다는 주장도 있다. 만약 이 주장이 사실이라면 1초가 아쉬운 서브-3 주자들이나 후반 들어 에너지가 고갈된 사람들에게는 기가 찰 노릇이 아닐 수 없다. 이런 관점에서 보면 8자 걸음으로 달리거나 다리를 벌리고 달리는 주자는 곧은 자세로 일자(一字) 달리기를 하는 경우에 비해서 불리하다고 하지 않을 수 없다. 실제로 서브-3 주자는 곧은 일자 달리기를 하는 사람이 많다고 한다.

0.5미터의 평범한 보폭을 가진 인간이 짧은 거리를 합하여 무한 대의 목표에 도달하는 마라톤은 또한 '피그말리온 효과'를 경험적 으로 뒷받침으로 하기도 한다.

평범한 주자가 신화의 세계에 도달하기 위해서는 필연적으로 불 러와야 할 이론이다.

'피그말리온 체험'이란 얼핏 보면 불가능할 것 같은 초현실의 경 지를 강한 자기암시로 이루는 것을 말한다.

그리스 신화에 등장하는 〈피그말리온〉왕은 그가 가진 절대 권력 만큼이나 절대적인 상상력과 욕심을 타고 났다. 그는 또한 그 욕구 를 채워 줄 조각 솜씨도 겸비했다. 자신이 가진 능력으로 세상에 이 루지 못할 게 없다고 생각한 왕은 자기가 원하는 여성까지도 직접 제조하기에 이른다.

왕은 본인이 희망하는 여인상을 조각으로 만들고는 그 여인과 결 혼할 수 있도록 해 달라고 기도한다. 권력 때문인지 강한 믿음 때문 인지 그 조각은 아름다운 여인으로 변하고, 그는 기어코 그 여인과 결혼하게 된다.

이처럼 강한 믿음에 의한 자기충족현상을 우리는 주변 현실세계에서도 가끔 접한다. 믿음이 현실이 되는 조금 가벼운 경우를 보자.

새로 시작하는 학기의 어느 평범한 학급 담임 선생님에게 교장 선생님이 일러준다.

"선생님은 우리 학교에서 특별히 우수한 학생들을 맡았습니다. 선생님은 학생들과 시간을 보내면서 그 점을 깨닫게 될 것입니다."

담임선생님은 영문도 모른 채 그 사실을 믿었고, 학생들을 그렇게 특별히 대하게 되었다.

웬일일까? 시간이 지날수록 그 학급 학생들은 다른 학생들과는 조금씩 차이가 나는 학생으로 변해 갔고, 학기가 끝날 무렵에는 아주 다른 학생들로 변모해 있었다.

비슷한 예로 긍정적인 자기 암시가 갖는 효과를 입증한 사례를 보자.

미국의 저명한 심리학자이자 대학 교수가 실험을 했다.
그 학자는 자기가 가르치는 학생들을 같은 수의 두 그룹으로 구분하여 수학 시험을 치르게 했다.

학자는 시험을 치르기 전 A 그룹 학생들에게는 '자신의 장점 3가지'를 나열하도록 한 이후 문제를 풀도록 하고, B 그룹 학생들에게는 '자신의 단점 3가지'를 쓰도록 한 이후 A 그룹과 동일한 문제를 풀도록 했다.

이 두 그룹간의 시험결과는 어떻게 되었을까?

믿을 수 있을지 모르지만 자신의 장점 3가지를 쓰도록 한 그룹이 단점을 쓰도록 한 그룹에 비해 평균 점수가 10점 이상 높게 나왔다고 한다.

일시적인 실험을 한 것으로 일상생활에서 얼마나 활용될 수 있을지는 의문이 있을 수 있으나 어떤 일을 시작하기 전에 자신의 장점에 대해 기억을 더듬어 보게 함으로써 스스로의 능력에 대해 긍정적인 이미지를 갖는 것이 매우 중요하다는 것을 일깨워주는 것이다.

정답이 딱 떨어지게 나와 있는 수학문제를 푸는데도 이런 결과가 나왔다면 복잡한 변수가 작용하고 정답이 없는 우리 삶에서 자신감의 중요성은 더 강조할 필요도 없을 것이다.

이 사례를 통해 우리는 어떤 일을 수행함에 있어서 자기 스스로에 대해 자신감과 긍정적인 이미지를 가지면 좋은 에너지를 발휘하게 되고, 이것은 보다 나은 결과를 얻는 데 큰 영향을 미친다는 사실을 확인할 수 있다.

자신에 대해 긍정적인 이미지를 가지면 만사가 술술 풀리는 듯 한 착각을 갖는 경우가 많다. 일이 즐겁게 느껴지기도 한다. 마라톤에서도 전략이 잘못되어 중도에 포기를 하고 나면 마라톤과 관련도 없는 일상생활전반에 걸쳐 자신감이 떨어지고, 반대로 후반 레이스를 잘 하고 나면 다른 일도 잘 할 수 있을 것 같은 생각이 든다.

마라톤 출발점을 통과하면서 하늘을 향해 긍정의 주파수를 날려 보라. 그 주파수가 바로 자신에게 부메랑처럼 되돌아오는 것을 느끼게 될 것이다. 또 하나의 '카르마'를 맛보는 것이다.

카르마는 내가 긍정의 에너지를 발산하면 주변은 나에게 긍정의 에너지로 대답을 하고, 부정의 에너지를 보내면 나는 부정적인 에너지로 보답 받게 된다는 것이다.

마라톤을 하면서 부정적인 주파수를 생산하는 주자는 별로 없을 것이다. 달리기는 긍정적 자기최면이다.

몸 전체에 달리기로 인해 생성된 여러 에너지를 느끼게 되며, 육체의 유연성과 신비감을 느끼는 것이다. 달리는 기운이 뼛속과 머리끝까지 전달될 것이다. 샤워를 하고 몸 안에 채워진 근육의 꿈틀거림을 느끼고 있노라면 나에게 가꾸어야 할 근육과 일구어야 할 인생이 많이 있음을 감지할 것이다.

지속적인 도전을 통해
행복감 느낀다

생체 전문가들에 따르면, 사람이 행복감을 느끼는 것은 뇌의 신경 전달물질인 '도파민(Dopamine)'의 분비 때문이라고 한다.

도파민의 분비는 돈과 권력이 많거나 좋아하는 일을 하는 경우에도 일정기간 동안 이루어진다고 한다. 그러나 그것은 그리 오래 지속되지는 못한다.

도파민이 원활하게 분비되는 것은 우리가 어떤 새로운 일에 도전할 때 그 과정에서 발생하는 신체적 현상이다. 즉, 자기가 좋아하는 새로운 환경에 접할 때 도파민이 분비된다는 이론이다.

새로운 것을 시도함으로써 분비되는 도파민은 그러나 그 새로운

목표가 성취되었을 경우에 분비되지만 오랫동안 분비되는 것이 아니라 성취 이후 일정기간 동안만 지속된다.

돈이나 권력도 지속적으로 증가될 때는 이와 같은 도파민이 지속적으로 분비되고 행복감을 유지시켜 줄 것이다. 그러나 돈과 권력이 매일 증가하고 성공이 잠시도 쉬지 않고 매 시간 지속적으로 쌓여가는 것이 어디 쉬운 일인가?

인간이 행복을 지속적으로 느끼기 위해서는 커다란 성과를 일시적으로 내기 보다는 작은 성과를 지속적으로 내는 것이 중요하며, 이를 위해 새로운 시도를 지속하는 것이 더 중요하다는 결론이다.

도파민의 분비현상은 마라톤으로 보면 더욱 일리가 있어 보인다.

마라톤을 통해 서브-3든지 서브-4든지 하는 목표기록을 달성하는 경우에도 그 만족감은 아주 오래 가지는 않는다. 결승점을 골인하고 나면 먼저 시계를 쳐다보고 목표를 달성했다는 느낌으로 주변 사람들과 기록에 대해 대화를 나누는 것은 아주 신나고 흥분되는 일이긴 하다.

그러나 그 흥분되는 감정 역시 그리 오래 지속되는 것은 아니다.

일단 달성한 목표는 당연한 것으로 받아들여지면서 새로운 기록목표가 뇌를 지배하기 때문이다.

그래서 목표를 달성한 이후보다 오히려 목표한 기록을 달성하기 위해 훈련하면서 실력이 조금씩 향상되는 과정과, 마라톤 출발선에 서서 잠시 후 있을 출발을 기다리는 것이 훨씬 도파민 분비 시간도 길고 그 긴 시간만큼 흥분되는 시간도 오래 가는 것이다.

신경전달물질인 도파민은 동일한 행위를 반복적으로 수행했을 때는 별로 분비되지 않는다고 한다. 뇌에 자극이 약하기 때문이다. 즉, 마라톤을 할 때 '즐달(즐겁게 달리기)'이라고 하여 자신의 능력 범위 안에서 천천히 달리는 경우는 도파민 분비가 많지 않다는 것이다.

사람들은 말한다. 이제 나이도 있고 하니 슬슬 즐달이나 하는 것이 어떠냐고?
그러나 도파민 관점에서 보면 즐달이 그리 신나는 즐달이 아닌 것이다.

장기적으로 보면 현재 보다 조금 높은 목표를 정해 놓고 그 목표를 이루기 위해 치열하게 노력하고 훈련했을 때가 현재에 안주했을

때 보다 더 큰 만족감과 행복감을 주었다는 것이 지금까지 경험한 결과이다. 비록 정한 목표를 이루지 못하더라도 말이다.

미국의 농구 황제 〈마이클 조던〉은 경기 도중 자신이 부상을 당하지 않는 방법으로 '적극적인 공격'을 택한다고 말한 바 있다. 〈조던〉의 어느 인터뷰에 따르면, 그는 방어적으로 임하는 것 보다 속도 감 있게 부딪힐 때가 재미도 있었다는데 특이한 점은 그럴 경우에 위험도 더 적었다는 것이다. 일반적인 통념과는 다른 얘기이긴 하지만 말이다. 스키를 탈 때도 조금은 과감한 시도가 넘어지지 않으려고 안절부절 못하는 것보다 안전할 수 있다.

평범한 사람이 초월적 만족감을 느끼기 위해서는 그의 능력을 넘어서는 노력을 해야 하고, 그 노력에는 어느 정도 고통을 극복하는 과정이 있어야 한다.

어떤 심리학자는 인간의 만족감은 언제나 공포감이나 불쾌감 다음에 따라오는 것이라고 주장하면서 불쾌감이 전제되지 않는 만족감은 있을 수 없다고 말한다.

또 다른 학자들은 인간이 쾌감을 얻기 위해 거쳐야 하는 고통스러운 과정을 '불쾌감'이라는 유쾌하지 못한 용어보다 '도전'이라는 용어를 쓰기도 한다.

불쾌감이든 도전이든 자기 능력을 뛰어 넘는 고난도에 자신을 자주 노출시키다 보면 그 환경에 점차 익숙해진다. 이렇게 맞이한 새로운 환경에서 몸과 마음은 신선해지고, 이를 '생동감'이라고 사람들은 표현하는 것이다.

생동감이야말로 우리가 일상생활에서 얻게 되는 에너지의 원천이자 가장 큰 축복인 것이며, 초월적 능력은 이렇게 지속되는 생동감이 원천이 되어 인간의 능력을 조금씩 향상시킨 결과 얻게 되는 것이다.

바다에는 파도가 일어야 물이 맑고 고기들이 건강해진다.

고요하고 정지된 물은 쉽게 썩기 마련이며, 그 속에는 힘도 없고 활발하게 움직이지도 않아서 푸석푸석 살찐 고기들이 많다.

우리가 사는 것도 마찬가지다. 민물처럼 평탄한 일상은 인간을 나약하게 만든다. 가끔 궁지에 몰리는 상황, 고민과 걱정거리 등이 우리의 삶을 건강하게 하는 필수요소인 것이다.
새장 안에 갇혀 있는 새가 자신의 깃털을 끊임없이 쪼아대는 것은

제한된 공간에서의 부족한 자극을 보충하기 위한 것이라고 한다. 외부로부터 새로운 자극이 지속적으로 주어지는 새는 자기 깃털 뽑는 행동을 하지 않아도 된다.

우리 인간의 행복감은 어떤가?

경제가 성장하고 도로와 공원 같은 사회 인프라가 잘 갖추어져 개인의 삶의 질이 높아졌는데도 현대인의 만족지수는 오히려 떨어졌다.

〈우리 시대의 역설〉이란 제목으로 인터넷에 돌아다니는 이야기를 옮겨보자.

'소비는 늘어났지만 기쁨은 줄었고, 전문가는 늘어났지만 문제는 더 늘었다. 약은 많아졌지만 건강은 더 나빠졌다. 집은 커졌지만 가족은 줄었고, 지식은 많아졌지만 판단력은 부족해졌다. 더 편리해졌지만 시간은 더 없어졌다. 달에 왔다 갔다 하지만 이웃은 더 멀어졌다.'

힘들게 달리다 보면 그냥 걸어가기만 해도 좋겠다는 생각이 들고, 물 한 모금, 바람 한 자락의 소중함을 깨닫는다. 달리면 몸에 붙은 살

뿐만 아니라 머리에 들어있는 불필요한 불만이나 낡은 생각들이 바람에 날려 떨어져 나간다.

오늘날 복잡한 고민을 안고 사는 현대인들이 달리기에 빠져드는 것도 그런 이유일 것이다.

마라톤의 벽, 30킬로

달리기를 시작하는 데는 개인마다 계기가 있겠지만 크게 나누어 보면 두 가지로 구분해 볼 수 있다.

살 빼고 건강하게 살기 위해 달리는 사람들이 있는 반면, 자신의 육체적 능력을 확인하고 강인한 능력을 지속적으로 보존하고자 하는 사람들도 있다.

건강하게 살려면 필수적으로 운동을 해야 하는데 운동 가운데 가장 먼저 떠오르는 것이 달리기이므로 선택한 사람들이 첫 번째 사람들이다.

건강을 위해 달리기를 하는 사람들은 대개 무리하지 않고 '즐달'

이다, '안전 달리기'다를 하는 방식으로 달린다. 건강을 위해 달리기를 하다가 뜻밖으로 달리기에 흥미와 재능을 발견하여 마라톤으로 이어지는 경우도 많다.

느린 속도로 즐겁게 달리기를 지속하는 사람은 인내심이 대단한 사람이다.

또 다른 부류의 달림이들은 본인들의 신체 기능과 능력을 검증하고 좀 더 활기차게 어떤 일에 도전해 보는 사람들이다.

나는 이 가운데 두 번째 부류, 즉 신체기능과 육체의 한계를 경험해 보고 싶었던 축에 속한다.

매일 비슷한 일상사에서 어제 졌던 해가 오늘 또 뜨고, 나이는 매년 빠짐없이 먹는데 드라마틱한 건 없고 그저 밋밋한 나날이 하릴없이 지나간다.

돈 있으면 시간이 없고, 시간이 있으면 돈이 없고, 시간과 돈이 다 있어도 그것이 언제 물거품처럼 사라질지 모르는 불확실한 시대. 사는 게 별 거 없이 그저 그런 것처럼 받아들여진다.

쏜 살 같은 세월에 몸을 맡겨둔 채 매일 쳇바퀴 도는 일에만 매달려 있기로는 어딘가 아쉬운 생각이 들어 좀 더 자극적으로 세상사에 돌진해 보고자 애를 써 보지만 마땅한 취미거리도, 일거리도 찾기 어렵다.

그러다가 우연한 계기로 주변의 달리기 모임에 초보 달림이로 가입한다.

기대할 것도 후회할 것도 없는 모임에 나가서 한두 번 달리다 보면 평소에 가지고 있었던 생각과 달리 달리기가 의외로 재미있으며 몸에도 작은 변화를 일으키게 된다는 것을 알게 된다.

달리고 난 직후 느껴지는 뻑뻑한 몸과 땀이 식을 때 느껴지는 상쾌함만으로도 충분히 시간을 낼 가치가 있는데다가 주변의 동료 주자들이 앞으로도 자주 만나자고 권유를 하기도 하면서 자기네들의 달리기 내공을 은근히 자랑할 때는 조금씩 상하는 자존심이 동기부여의 원천이 되기도 한다.

훈련에 참가하여 조금씩 거리를 늘리다 보면 본인도 모르게 실력이 빠르게 향상되는 느낌을 가지며, 남들 따라 대회에도 참가하게 된다. 달리기 실력이 빠르게 향상되는 것은 아마도 달리기가 별도의 기술을 필요로 하지 않고, 근육이 뒷받침되면 되는 것인데 팔 굽

혀 펴기처럼 어느 정도 시간이 지나면 자신도 모르게 내공이 쌓이게 되는 것이다.

사람이 많이 모이는 마라톤 대회에 나가서 가벼운 운동복으로 일정거리를 완주하고 나면 마라톤에 대한 생각이 더욱 많이 바뀌게 된다. 동료들을 따라서 마라톤 대회에 참가하는 횟수와 거리도 차츰 늘어난다.

인터넷을 보고 마라톤 세계를 연구하기도 하고, 다른 주자들의 무용담에 귀 기울이기도 하며 마라톤이 주는 매력에 빠지기 시작한다.

다른 운동에 비해 비교적 기술이 단순한 반면 능력이 향상되는 속도는 상당히 빨라서 마라톤에 입문한 지 대여섯 달 정도 되면 주변의 권유와 함께 큰 두려움 없이 하프 마라톤 정도는 달리게 된다.

그러나 만일 마라톤이 5킬로나 10킬로 정도의 짧은 거리라면 마라톤은 다른 취미활동과 크게 다를 바 없고, 연구할 것도 귀 기울일 무용담도 없으며 마라톤 고유의 도전이나 스릴도 없을 것이다.

마라톤이 풀코스가 아니라면 훈련을 한 이후 효과 검증을 할 필요도 없고, 달리다가 쥐라도 나면 어쩌나 걱정할 필요도 없다.

마라톤이 풀코스가 되어야 기다리는 자세가 다르고, 전날 밤잠을 설치기도 하며 경기장 가는 길이 설레기도 한다.

이번에는 별일 없이 제대로 완주할 수 있을까 하는 걱정 반 기대 반의 기분을 대회 전 며칠씩이나 맛보게 되는 것이다.

풀코스가 아니면 식이요법의 효능 같은 것에 신경을 쓰지 않아도 되고, 긴장으로 인해 화장실에 자주 갈 필요도 없다. 초반에 오버페이스를 하지 말아야 한다는 경계를 할 필요도 없고, 마라톤이 끝난 후 지나 온 과정을 복기할 스토리도 없는 것이다.

대회전에는 즐달한다고 싱거운 마음을 먹었다가 막상 대회가 되면 어느새 마음이 들떠서 다시 기록에 도전하게 되는 즐거운 시행착오를 하게 하는 것도 풀코스 마라톤이다.

이론적으로 보면 달리는데 필요한 '글리코겐'이라는 물질은 탄수화물에서 얻게 되는데 사람이 한번 식사를 통해 축적하는 탄수화물은 30킬로를 가면 거의 고갈된다고 한다. 몸속에 달리기를 하는데 필요한 에너지가 모두 고갈되었으니 그 이후 10킬로가 문제되는 것은 당연한 것이다.

30킬로 이후부터는 고갈된 탄수화물 대신 몸속에 저장된 단백질

을 동원하여 에너지를 만들어 내는데 이때부터 설명이 잘 안 되는 이상한 증세가 몸에서 나오고, 그래서 마라톤이 힘들게 된다.

마라토너들 사이에 '30킬로 벽'이란 말이 있는 것도 이런 연유일 것이다. 프로든 아마추어든 30킬로를 지나도 신체적으로 아무 변화가 없는 사람 또한 없을 것이다.

마라톤 완주를 위해서는 싫으나 좋으나 30킬로 벽을 통과해야 하는데 훈련이 안된 주자는 학창시절 숙제를 하지 않은 채 선생님을 만나러 가는 심정이 되고, 그나마 훈련을 한 주자라도 레이스 전략을 잘못 구사하면 몇 달을 고생한 것이 물거품이 되는 것이다. 30킬로가 지났는데도 지치지 않고 달리게 되면 그야말로 자신의 초인간적인 능력에 스스로 빙그레 웃음이 머금어진다.

호흡도 마찬가지다.

대개 호흡은 자기의 능력을 초과한 속도가 붙었을 때 가파르게 된다고 알고 있는데, 30킬로가 지나면서부터는 그다지 빠른 속도가 아닌데도 호흡이 불규칙하게 가파르게 된다.

다리를 한 번 무리하게 움직이는 동작으로도 호흡이 가파르게 되고, 그저 팔만을 흔들어도 호흡이 부담스러워 진다.

이런 현상을 통해 호흡은 단순히 우리가 빨리 달림으로써 폐와 심장에 무리를 주기 때문에 가파르게 된다는 기존의 상식을 넘어서 근육이나 몸에 피로가 쌓이고 기력이 빠지게 되면 호흡도 가파르게 되는 현상, 그러니까 호흡과 몸의 기력이 매우 유기적으로 연결되어 있다는 것을 깨닫게 된다.

병원에 가면 가만히 누워 있으면서도 호흡이 가파른 환자를 많이 볼 수 있다는 점을 상기해보면 이해가 갈 것이다.

심리적인 변화도 드라마틱하다.

처음 출발할 때는 풀코스를 금방이라도 완주할 것 같은 기세 때문에 한시라도 빨리 출발을 하고 싶다. 출발은 문자 그대로 새로움이며, 신기한 곳으로의 여행이다. 무슨 일이든 기분 나쁜 새 출발은 없겠지만 연습으로 탄탄해진 다리로 중무장한 마라톤 출발은 사기가 하늘을 찌른다. 우리는 거리의 자유로운 영혼이며, 도로를 지배하는 영웅이다. 우리의 이런 모습을 한 사람의 관중이라도 더 지켜봐 달라고 주로를 갈지자(之)로 분주히 넘나든다.

그러나 5킬로가 지나고 10킬로가 지나면 그런 유쾌한 생각은 서서히 꼬리를 내리고 두려움이 고개를 쳐든다. 이런 속도로 끝까지 완주할 수 있을까 하는 생각이 들기 시작하고 그 염려는 30킬로에 접근하면서 절정에 이른다. 마라톤을 취미로 삼게 된 자신에 대한 원망이 밀려온다.

세상의 많고 많은 놀이 가운데 하필 내가 마라톤에 걸려서 이런 고생을 해야 하는 팔자가 된 걸까? 걸어가자니 거리의 관중들 보기가 부끄럽다. 마라톤 대회에 나간다고 떠들며 온갖 멋을 내기도 했다. 주변의 응원에 보답도 안 된다는 자책감도 든다.

이 30킬로 지점을 지나면 이제 다른 생각을 할 겨를도 없이 오로지 도착할 시간만 머리에 가득하다. 신성하고도 숭고한 줄 믿었던 마라톤이 노동으로, 그것도 중노동으로 모습을 달리하는 시간이다. 연습을 할 때는 운동의 모습을 지녔던 마라톤이, 출발해서는 놀이로 바뀌었다가 이제 노동이 된 것이다.

노동은 운동과는 달리 나의 의지가 개입될 여지가 많지 않고, 노동을 통해서는 나의 희망이나 팔자와 상관없는 상품들을 제조해 내야 한다. 나는 다른 누군가를 위해 노동을 제공하고 얻은 수입으로 생계를 유지하며, 그래도 남는 것이 있으면 인간적인 삶을 위해 쓰는 것이다. 그러나 대개 남는 것이 별로 없어서 각자의 차별화된 문화적 정체성은 확보되지 않고 있지만 말이다.

누군가 - 대부분 자본가들일 것이다 - 노동이 신성하다고 말했지만, 운동과 노동을 비교하면 신성도 면에서는 하늘과 땅 차이다. 노동과 운동의 차이는, 노동은 대개 타의에 의한 것인 반면, 운동은 자의에 의한 것이며, 노동이 돈을 받고 하는 숙명이라면 운동은 돈을 내고 하는 놀이이다.

육체는 평소 영혼의 지시를 받아서 움직이는데 30킬로 이후가 되면 육체가 영혼의 지시를 거부한다. 영혼과 육체가 마치 오래 살아서 싱거워진 부부처럼 따로 논다.

'에라 이왕 달리는 김에 고통도 즐기자'라든가 '자본도 들지 않는 같은 생각이라면 즐거운 마음을 가져보자'라고 마음을 고쳐먹어 보지만 머지않아 그런 긍정적 마음이 사라져 있음을 깨닫는다.

달리는 거리가 25킬로를 넘어 30킬로 인근에 이르면 느껴지는 고통의 종류가 달라진다.
뭐라고 한마디 말로 표현하기 어려운 느낌이다.

다리 전체에 피가 돌지 않아 마비된다든지, 근육이 움푹 패고 있는 듯 하다든지, 다른 사람의 다리를 빌어서 달리고 있다는 느낌, 다리의 특정 부위가 아니라 다리 전체에 뭔가 비범한 에너지가 스며드는 느낌, 다리가 뼈와 근육으로 구성된 것이 아니라 고무나 밀가루 반죽으로 이루어져 있다는 느낌, 어디서부터 다리이고 몸통은 어디부터인지 구분이 안 되는 느낌, 마비가 쌓이다가 이유 없이 풀어지는 느낌, 뼈를 둘러싸고 있는 살이 다 빠져나간 느낌, 이런 등등의 느낌들이 서로 섞여 어떤 현상이 먼저 오고 어떤 현상이 나중에 오는지 알 수 없는 상황에 이르게 되는 것도 모두 30킬로 이후 마라톤 피로가 숙성된 맛이다.

인체의 신비함과 복잡함 때문에 주자들은 그 고통의 원인도 정확히 이해할 수 없을 뿐 아니라 그 해결방법도 찾지 못한다. 그래서 풀코스 마라톤은 달리는 내내 주자를 불안하게 한다. 주로에서는 어떻게 해 볼 도리가 없는 것이 서바이벌 마라톤이다.

개인마다 능력과 운동량에 따라 차이가 있겠지만, 이런 현상은 풀코스 주자라면 대개 마라톤의 절반 거리 이후부터 30킬로까지 비슷하게 나타난다.

그러니 20킬로 이상을 달려보지 못한 사람들, 혹은 하프 마라톤

이상을 달리지 말아야겠다고 마음먹고 있는 사람들은 이 정도의 경험으로 끝난다. 마라톤이 주는 깊은 맛은 하프 이후에 나타나는데 같은 달리기라도 풀코스 마라톤은 김치에 비유하면 묵은 지 김치에 해당된다고 볼 수 있을까?

30킬로가 지나서 오는 이런 느낌은 이제부터는 1킬로마다 진해지고 강해지다가 마비현상이 급속도로 심해져서는 5백미터, 1백미터 간격으로 심해진다. 그 고통만큼이나 절망감도 급속하게 몰려온다.

인간이 이것저것을 갖고 싶어 하는 소유욕의 화신이라면 백리 길을 힘들이지 않고 날듯이 단번에 달릴 수 있는 능력을 소유하고 싶다는 생각이 이때 간절해진다.
마라톤은 행동으로 단막극 인생 스토리를 써 나가는 것이며, 다른 운동과 다른 점은 인간의 몸으로 에너지가 다하는 끝까지 가면서 부딪히는 스토리를 타인의 도움 없이 직접 행동으로 만들어 낸다는 것이다.

개인의 마라톤 스토리는 30킬로 벽을 통과하면서 무르익게 되고, 30킬로를 달린 본인의 능력이 확인되면서 그 스토리는 힘을 얻기 시작한다. 그리고 그 기세가 완주까지 이어져야 스토리는 완성된다.

'스토리'란 단순한 사실이 아니며 사실의 집합도 아니다. 처음과 끝이 있고, 그 사이에 과정이 있다. 그 시작과 끝은 긴밀하고도 복잡한 인과관계가 있다.

마라톤으로 경험하는 축소판 '미니어처' 스토리는 이처럼 대회 후반부 두어 시간 동안 피로가 변형된 여러 현상을 압축해서 맛 본 후에야 이해하게 되고, 그 30킬로 벽을 통과해야 또 하나의 미니어처 스토리를 경력으로 추가하게 된다.

그런 미니어처 경력이 쌓여 한 개인의 가치관과 정체성을 공고하게 하는데, 마라톤 골인 현장에는 이런 많은 스토리들이 넘쳐 흐른다.

마라톤은 경마와 달라요

인간이 달리는 마라톤이 이처럼 다양한 스토리를 만들어 내는데 정작 마라톤 중계를 보면 흡사 경마장의 말달리기 경기를 중계하는 것 같다. 달리는 사람의 감정은 온데 간데 없고 기계적인 순위에만 매달린다. 사람 달리는 것을 말달리는 정도로 취급한다.

이런 결과로 마라톤 경기 중계를 하는 것을 보면 마라톤을 실제로 달리는 사람보다 중계하는 사람들이 더 힘들어 한다. 중계를 담당하는 관계자들에 의하면 다른 스포츠 종목과는 달리 마라톤은 2시간이 넘는 경기 시간 동안 매 순간 같은 장면이 연출되기 때문에 중계가 어렵다고 한다. 하긴 경마는 2시간 이상 동안 같은 말이 달리는 것도 아니며, 조금 전의 경쟁 말과 또 다시 시합하지도 않는다. 그래서 경마 중계는 지루하지 않다.

마라톤은 경마가 아니다.

영혼과 육체를 가진 사람을 동물처럼 육체적 관점에서만 바라보니 마라톤 중계가 힘들어 진다. 사람은 힘든 훈련을 스스로 참아내기도 하고, 목적한 바를 이루고 나면 다시 나태해지기도 하는 복잡한 동물인데, 많은 마라톤 해설가들은 인간의 달리기 문제를 사람이 지닌 이성은 무시한 채 말이나 벼룩의 달리기처럼 취급한다. 그것이 마라톤 중계를 어렵고 단조롭게 하는 요인이 되는 것 같다.

대개 마라톤 경기의 패턴을 보면 처음 출발을 해서 30분 정도가 되면 선두 그룹과 2위권 그룹이 형성되고, 그 뒤로 중위권과 후미그룹이 형성된다. 그렇게 형성된 순위 그룹이 특별한 이변이 없는 한 마라톤이 끝날 때까지 지속된다. 이처럼 게임 시작부터 끝까지 상황이 변하지 않고 일정한데 새로운 소식으로 중계를 재미있게 하는 것이 어디 쉽겠는가?

"네~. 우리나라 선수들~ 뒤쫓아 오는 선수와 격차를 더 벌여야 안심할 수 있습니다" "이 언덕에서 치고 올라가야 합니다" "마지막 5킬로에서 스퍼트를 해야 합니다" "조금 더 힘을 내야겠습니다. 상대 선수는 지친 기색이 역력합니다. 지금이 좋은 기회입니다" 이렇게 경마처럼 겉으로 보이는 현상만 가지고 게임을 중계하는 것은 단조롭고 지루할 수밖에 없다. 그 이유는 시청자들도 그 정도는 생각할 수 있기 때문이다. 이런 마라톤 중계는 골이 들어가지 않은 축구경기나 돈내기를 하지 않고 치는 고스톱처럼 싱겁다.

마라톤 중계를 흥미 있게 하려면 어떤 내용이 좋을까?

마라톤은 까다로운 규칙이 없기 때문에 권위 있는 해설이 있을 수 없다고 생각하는 분들에게 참가자 내면에 숨어 있는 스토리를 발굴해서 소개해 달라고 주문하고 싶다.

첫째는, 그들의 예술적 달리기 동작에 심취하는 것.

둘째는, 마라톤 거리 별로 선수들이 느끼는 체력의 감소와 신체적, 심리적인 변화를 소개하는 것.

셋째는, 과학적, 인체공학적 관점에서 마라톤 경기를 풀어서 설명해 주는 것.

그리고 무엇보다 재미있는 점은 마라톤 선수들의 개인 스토리를 소개해 주는 것이다. 사람은 누구나 저마다의 개인 이야기를 안고 사는데 선수들도 마찬가지이다. 마라톤과 관련된 개인 이야기라면

선수 개인의 마라톤 이력, 마라톤 관점에서 본 개인의 특징, 훈련 방법과 훈련의 강도, 훈련이나 개인의 생활과 관련된 에피소드 등.

이와 같은 개인의 스토리를 선수들과 함께 훈련경험을 했거나 프로들의 세계를 경험한 전문가들이 소개해 주는 것이 흥미 있을 것이다.

유명한 스타들의 스토리들은 별도의 예능 프로그램으로 소개되고 있으나, 스포츠와 예능과 과학을 혼합하여 중계를 하면 어떨까 생각한다.

전, 현직 대표 선수나 선수들과 함께 한 코치들로부터 그런 이야기들을 생생하게 듣다 보면 2시간의 시간이 결코 길지는 않을 것이다.

짧은 시간에 종료되는 스포츠에 비해 2시간 동안 고통스럽게 펼쳐지는 마라톤에는 분명 그에 맞는 스포츠 스토리가 존재하기 마련이다.

초원을 달리는 21세기 노마드

달리기를 하면서 자신의 정체성에 대해 특별한 감정을 갖게 되는 경우는 푸른 초원을 달리는 시간이다.

넓고 푸른 초원에서 운동 팬티차림으로 양 다리를 번갈아 앞으로 뿌려본다. 가슴이 후련하게 뻥 뚫리는 기분이다. 초록 빛깔이 망막과 가슴에 쌓이고, 그리고도 남아 신발 양쪽에도 그림처럼 묻는다. 이런 끝없는 초원에서 말을 타고 사는 몽고인은 시력이 10.0까지 가능하다고 하던가? 어디까지를 볼 수 있는지 상상이 안가는 시력이지만 하여튼 먼저 본 사람이 먼저 쏘는 게임에서는 확실히 그들이 유리할 것이다.

서울의 한강을 사이에 두고 2열 종대로 길게 자리 잡고 있는 한

강 시민공원.

공원 이곳저곳에 흩어져 있는 운동장에 가면 이와 같은 느낌을 만끽할 수 있는 풀밭이 많이 있다.

여름이 되면 한강변에 사는 인근 주민뿐 아니라 멀리서도 더위를 피해 가족 혹은 연인 단위로 나와서 한가롭게 시간을 보내는 곳이다.

한강변 초원의 크기는 거의 축구장 이상이어서 눈을 감고 달려도 부딪힐 곳이 없다.

초원의 풀은 높지도 낮지도 않게 자라 있으며, 이름 모를 잡초들이 풀 사이로 사연을 안고 이래저래 섞여 있어 이 초원을 달리는 사람에게도 스스로 야생이란 생각이 들게 한다.

풀 사이에 숨어 있는 지표면도 그리 울퉁불퉁하지는 않다. 사람이 많이 몰려 있는 곳도 있지만, 그래도 인적이 드문 초원이 달리기에 더 적합하다.

몽골의 끝없이 푸른 초원을 연상하면서 이 인적 드문 지역을 택해 달린다.

저녁이 어슴푸레 찾아올 무렵 초원을 찾는다. 아직 태양은 완전히 떨어지지 않아 주변이 검붉다. 어느 시간 달리다 보면 노을이 밀려들겠지.

악당을 물리친 후 석양을 등지고 휘파람 소리에 맞추어 유유히 말 등에 앉아 떠나는 서부 영화의 장면처럼, 나는 말에서 내려 달리는 주인공이 된다.

자연의 조화란 참 신비롭고 자연과 더불어 조화를 이루는 자신도 신비롭다. 오늘 탈 없이 달릴 수 있는 자신이 고맙다.

고원을 달리는 야생마의 기분도 간접적으로 느낀다. 동물들의 생각과 감각을 알 수는 없으나 초원을 달리는 말의 기분이 이런 것인가?

이렇게 석양 무렵 초원을 어느 정도 왔다 갔다 하다 보면 내가 사람과 동물의 어느 중간 형태쯤 되어 가고 있다는 생각을 가지게 되기도 한다. 동물과 비슷한 수준의 1차원적 사고를 하게 되고, 동물과 비슷한 수준의 육체적 단순함을 익히게 된다.

인간이 머리로 환경을 이해하고 사물을 받아들인다면, 동물은 감각과 반사 능력으로 상황을 인식한다.

말이 안장에 사람이 탔을 경우 주인과 총체적으로 일체감을 갖기 위해 매우 예민하게 반응한다는 것도 타고난 감각에 의한 조건반사일 것이다.

자기 등에 앉은 고객을 최대한 편하게 하기 위한 본능적 반작용이다. 사람보다 지능이 떨어지는 동물이 보상도 바라지 않고 다른 물체와 조화를 이루기 위한 행위를 한다는 점은 우리 인간이 배울 점이다. 자연으로부터 배우는 지혜는 인간으로부터 배우는 지식에 비할 수 없이 깊고도 진실하다.

과거 칭기즈칸의 후예인 몽골 유목민들이 고도의 기동성을 활용하여 그들보다 앞선 문명세계를 호령했다면, 오늘날 정보화 사회를 살고 있는 나는 디지털 유목민(Digital Nomad)으로 재탄생하여 이 시간 한강변 초원지대를 누비는 것이다.

그때나 지금이나 기동성은 경쟁력과 직결된다. 한참을 달리다 보면 어느새 어둠이 사위를 덮고 있다. 하루의 변곡점을 땀 흘리며 보낸 하루.

가슴 깊이 차있는 뿌듯함을 맛보게 된다.

주자에게 말 시키지 말 것!

마라톤 마니아들은 평소에는 주변 동료들과 즐겁게 대화도 하고 밤늦도록 술을 마시기도 하지만, 마라톤 대회에서 일단 출발을 하면 대부분 서로 많은 대화를 하지 않는다. 그저 묵묵히 달리기 삼매경에 빠져있을 뿐이다.

마라톤 대회에 참가하여 주로를 달리면서 주변의 주자들을 휘둘러보라.

밝은 표정으로 대화를 하는 사람은 별로 없고, 주변을 두리번거리는 사람도 드물다. 그들의 얼굴에는 웃음도 울음도 감정도 이성도 흔적을 찾아볼 수 없다. 대회의 규모가 크고 오랫동안 준비한 대회일수록 더욱 그렇다. 아무래도 기록과 완주에 대한 의욕 때문일

것이다.

대회에 참가한 주자들은 대개 땅바닥과 앞만 내려다 보고 달린다. 그들의 달리는 모습은 흡사 수도자 같기도 하고, 대사 없이 공연을 하는 팬터마임 공연자 같기도 하다.

그래서 마라톤 대회는 출발 전까지는 축제 분위기이지만, 출발 총성이 울리기만 하면 엄숙하고도 진지한 모습만이 주로에 가득해 진다.

파도 같은 주자들이 그런 심각한 모습으로 자신과의 대화를 하며 풀코스 내내 달린다.

시간이 지나 그들이 달려온 거리가 길어질수록 그들의 표정은 더욱 진지해 진다.
그들은 많은 달리기 인파 속에서 완전한 홀로가 된다. 한 여름 장마에 떠내려가는 부유물처럼 마라톤에 온 전신이 맡겨져 있는 듯하다.

탁구나 배구, 농구 등과 같은 구기(球技) 경기를 하는 선수들은 경기 도중 하이파이브를 하거나 동료 선수끼리 웃고 즐기며 게임

전략을 상호 교류하기도 한다. 한 골 한 골에 희비가 순간적으로 교차한다.

마라톤처럼 진지한 수도자의 표정으로 3시간이 넘도록 몰입하는 스포츠는 별로 없다.
주자 각자는 다른 사람과 대화를 하는 즐거움보다 귀하게 찾아 온 마라톤 기회에 빠져들어 그 달리는 맛을 즐기는 것이 더 낫다고 생각하기 때문일 것이다.

대화를 하는데 소모되는 에너지를 조금이라도 절약하고, 대화를 함으로써 흐트러지는 정신을 집중하여 완주를 하는데 사용하기 위한 것이다. 달리는 이 순간이 되면 정체 모를 의식의 깊은 곳에 침잠하여 오로지 달리는 일에만 마음이 가 있을 뿐이다.

그렇게 하여 그 동안 훈련한 과정을 스스로 검증해 보고, 향상된 육체적 강인함에 스스로 도취되어 보는 것이다.

또한 많은 달리기 군중 가운데 나의 적절한 위치를 확보하고, 그 위치에 따라 어떻게 한 걸음과 다음 걸음을 조화롭게 내디딜 것인지 궁리하며, 남은 거리와 남은 체력을 점검하면서 홀로 시간을 보내는 것이 더욱 짜릿하고 맛있기도 하다.

아무리 사회생활을 하면서 그 가운데 의미를 찾는 사회적 동물이라 할지라도 사람들은 마라톤을 하는 순간만큼은 그렇지 않다. 사회적 소속감 보다 더 우선하는 것은 나의 즐거움이고, 나의 놀이이다. 놀이를 통한 즐거움이 없으면 사회도 존재하지 않는다.

인간의 두뇌는 즐거움을 추구하도록 프로그램화 되어 있는데 그 즐거움 한 가지를 위해 달리기에 생각을 모은다.

인간의 몸과 마음은 분리되어 있지 않고 상호 유기적으로 관련을 맺기 때문에 몸을 움직이는 곳에 의식이 가고, 의식이 모이는 곳에 에너지가 집중되면서 몸이 다시 활성화된다. 몸이 깨면서 마음이 일어나고, 마음이 깨면서 다시 몸이 일어나는 선순환 작용을 마라톤이 촉진한다.

참선을 하는 우리 전통수행법도 이런 원리가 적용된 사례라고 볼 수 있는데 눈을 감고 침잠하며 마음을 두 손에 집중해 모으면 잠시 후 손바닥의 한가운데에 기(氣)가 모이면서 따뜻해진다. 어느 곳이든 정성을 모으면 그 곳에 기가 모인다.

달리기는 얼핏 생각하면 몸을 움직여 아무 생각 없이 무조건 뛰면 되는 것으로 인식되기 쉽다. 그러나 막연하게 달리다 보면 쉽게 피로해지며 싫증도 빨리 난다.

풀코스 4만 미터를 달리면 대략 6만 걸음을 내딛게 되는데, 나의 경우에는 그 중 무의식적으로 내딛는 걸음은 많지 않다. 한걸음 한 걸음에 의식과 정성이 들어 있으며, 마라톤 후반으로 갈수록 걸음에 힘도 들어가고 신경이 더욱 쓰인다.

한 발 내 디딜 때마다 발끝이 땅에 닿는 순간을 의식하고, 발바닥이 어떻게 수평을 유지하며 땅 바닥에 마찰하는지, 그리고 실시간으로 전달되는 그 느낌과 자극이 어떻게 변하는지를 관찰하면서 달리면 재미가 더 있다.

매 걸음에서 발과 발가락이 신발 속에서 어떻게 움직이고 있는지 웬만큼 파악된다.
그 움직임의 형태에 따라 발이 땅에 닿는 모양과 충격 또한 제 각각이다.

한 발 한 발 앞으로 뻗으면서 지면에 떨어지는 발바닥에서 순식간에 다리와 허리를 거쳐 뇌로 전달되는 힘의 느낌을 음미하는 재미도 쏠쏠하다.

그런 느낌은 평소 보행을 통해서도 느낄 수 있으나, 걸으면서 그런 걸 의식하는 사람은 거의 없을 것이다. 보행과 달리기는 지면에

닿는 감과 강도가 아주 다르다.

보행의 목적은 대개 거리의 이동에 있고, 건강을 위한 걷기라 하더라도 발바닥 느낌을 감지하기에는 다른 여러 가지 생각이 많이 떠오른다. 걷기를 하면서 이런 저런 생각에 잠겨있다 보면 어느새 먼 거리에 다다라 있는 경우를 많이 겪어보았을 것이다.

이와는 대조적으로 달리기를 하면서는 여러 가지 깊은 생각을 할 수가 없다. 손발에서 전해오는 단순한 느낌이나 눈앞에 펼쳐지는 광경을 짧게 느끼는 정도만 가능할 뿐이다.

걷기와 달리기의 차이는, 걷기가 동작을 천천히 하면서 자신을 객관적으로 바라보게 하고, 생각을 북돋워 주면서 북돋워진 생각을 정리해 주는 기능을 한다면, 달리기는 육체와 정신에 경쾌한 자극을 줌으로써 무거운 주제를 가볍게 해 주고, 심신 전반에 동력을 제공하는 것이다. 그러니까 달리기는 걷기가 발전된 형태라고 보기는 어려울 것이며, 걷기와 달리기는 서로 다른 영역에 있는 것 같다.

대개 하나의 생각이 발단이 되어 다른 생각이 떠오르고, 따라서 생각과 생각 사이에 연결고리가 생기는데 달리는 도중에는 이런 과정이 정연하게 진행되지 못한다.

빨리 걸으면 달리기가 되고, 천천히 달리는 것이 걷기가 되겠지만 이는 신체적 관점에서 움직임의 형태가 그렇다는 것이지 정서적인 면에서는 양자 간 차이가 있다는 것이 달려본 이후의 소감이다.

새들은 창공을 날 때는 여러 가지 생각이나 걱정을 하지 않을 것이다. 가만히 앉아서 주변을 두리번거릴 때 걱정거리가 눈에 나타난다. 새들에게 생각이 있다면 말이다.

어떤 사람들은 달리기를 하면서 여러 가지 계획을 한다거나 깊은 사색의 즐거움을 맛볼 수 있다고 하는데, 이는 걷는 정도의 에너지를 소모하면서 아주 천천히 달리는 경우가 아니면 정확한 표현이 아닐 것 같다.

왜냐하면 달리기를 하는 동안에는 인체 가운데 운동을 많이 하는 심장과 폐로 몸속의 혈액이 집중적으로 모이는 반면, 생각을 다루는 뇌에는 상대적으로 혈액이 감소하기 때문이다. 혈액순환이 활발하지 않는 장기는 어떤 것이든 활발한 활동을 할 수가 없다.

또한 걷기와는 다르게 달리기는 의식적인 점프동작을 해야 하는데 이런 활발한 몸놀림을 하기 위해 정신을 쏟아야 하므로 다른 생각과 병행할 수가 없는 것이다.

최면에 걸린 듯 달리기에 마음을 **빼앗겨** 있는 주자에게 말을 걸면 각성효과는 있을 수 있으나 동시에 달리는 재미도 **빼앗을** 수 있다.

오늘날 놀이를 더욱 우선시하는 인간인 '호모 루덴스(Homo ludens)'가 말없이 달리는 까닭이 이것일 수도 있다.

마라톤은 꽁꽁 언 중년의 마음을 씻어내는 한바탕 '굿판'

사람은 나이가 들면 다시 어린 아이의 정신 상태로 돌아간다고
한다. 뇌세포 감소 때문일 것이다. 쇠약해진 사람은 작은 일에도 서
러움을 느끼고 마음의 상처를 잘 받는다. 약자는 다른 사람이 자기
를 얕보지 않을까 오해하기 쉽다. 중년으로 들어서면 사회적 신분
이 불안해지고 건강에 위협을 느끼게 되는 반면, 삶의 책임감과 중
압감은 오히려 커진다.

하루 생활 가운데 즐거운 일보다는 외롭고 힘든 시간이 늘어난
다. 새로 만나는 사람보다 헤어지는 사람이 더 많으며, 되는 일보다
안 되는 일이 많아진다. 가질 수 있는 것보다 가질 수 없다고 느껴지

는 것이 많아지고, 음식도 맛보다는 건강중심으로 먹는다. 삶이 슬며시 우울해진다.

중년들의 삶은 그래서 서쪽하늘에 모여 있는 회색 빛 구름과 같다. 나이도 조용히 스며들듯이 먹는다. 나이가 들면서 마라톤을 접하게 되는 것이 어쩌면 우연만은 아니다.

마라톤은 아이러니컬하게도 그 힘들고 과격한 이미지와는 달리, 나이든 어른들의 놀이이다. 고요해져 가는 육체와 정신에 의도적인 파도를 일으키게 하여 삶을 펌프질 하는 놀이이다. 40년 이상을 살아오면서 인생살이 노하우에 관해서는 어느 정도 '마에스트로'가 된 중년들이 아직도 꺼지지 않은 삶의 열정을 불태우는 격전장이다.

원래 격렬했던 마라톤의 이미지가 완만하고 부드럽게 조절되어 일반 대중들, 특히 나이든 어른들에게 와 닿은 것이다. 어른들이 한 가지 노력으로 운동 겸 놀이 겸 즐기는 종목으로 보급된 형태가 오늘날의 마라톤의 모습이다. 마니아들이 쓰는 마라톤 모자는 운동과 놀이의 중간 상징물이다.

놀이의 특징은 목적이 분명하지 않으며, 이기고 지는 것을 판가름하여 책임을 묻지 않고, 그 놀이가 의무가 되지 않는다는 것이다.

사람이 살다 보면 너무 진지하지 않게 게임을 하듯 인생을 즐기며, 일을 가지고 노는 방법을 찾게 된다.

마라톤은 삶을 쏜살같이 살아온 어른들이 조금씩 느슨해지는 인생 사이클에서 시간을 다시 조여 보는 놀이이다. 마라톤은 게임이자 이벤트이다.

마라톤을 즐기는 사람들 가운데는 게임을 하듯 분, 초를 단위로 하는 부류도 있으며, 놀이를 하듯 시간을 단위로 하는 마라토너도 있는데 그들이 한데 섞여 같은 종목의 마라톤을 즐긴다.

전 구간을 치열하게 달리는 마라톤 고수들이 아무래도 좀 더 분, 초 단위까지 민감하게 계산하게 될 것이고, 따라서 그들이 4시간 이후의 주자들에 비해 시간에 대한 긴장도가 높을 것이다. 시간에 대한 사람들의 다른 인식이 어디 달리기뿐일까? 살아가는 분야나 직업에 따라 시간 스케일은 차이가 날 것이다. 반영구적인 시간 시간 계산법은 우주비행사나 지리학자들의 영역일 것이며, 수억 분의 1초는 물리학자의 영역이다.

서브-3에 1초가 모자라는 경우는 물리학자 이상으로 그 1초가 길

어진다. 마라톤 경력이 짧은 주자일수록 출발할 때는 초 단위로 시간을 계산하다가 중반을 지나면서 체력이 떨어져 하염없이 늘어질 때는 시간관념조차도 시간 단위로 늘어지게 된다. 시간은 마라토너의 가슴속에서 고무줄같이 늘었다 줄었다 한다. 사람도 나이가 들수록 시간관념이 느슨해진다.

당신도 나이가 들수록 세월 가는 속도가 빠르게 느껴지는가? 하루는 지겹도록 천천히 가는데 계절은 금방 바뀌고 1년은 눈 깜빡 할 사이에 지나가는가?

'나는 아내와의 결혼을 후회한다'라는 책의 저자 김정운 교수는 사람이 나이가 많아지면서 세월 가는 속도가 빠르게 느껴지는 현상을 '회상효과'로 풀이한다.

'회상효과'란 지나간 시간에서 재미있는 이벤트가 많이 떠오를 경우에는 세월이 천천히 흐르는 것처럼 느껴지지만 회상할 이벤트가 별로 떠오르지 않으면 세월이 금방 간 것처럼 생각된다는 것이다.

그에 따르면 청소년들은 생일이나 각종 기념일 혹은 '빼빼로 데이'처럼 어른들이 보면 싱겁기 짝이 없는 것들을 그냥 넘어가지 않고 재미있는 이벤트로 승화시킨다. 오늘날 청소년들의 삶은 각종 이벤트로 가득 차 있다.

　그러나 어른들의 삶은 그렇지 않다. 어른들은 그런 이벤트를 시시하게 생각하거나 상업주의로 인식해버린다. 아니면 그런 이벤트를 즐길 여유가 없다. 즐길 이벤트도, 새로운 도전도 없는 어른들의 삶은 그래서 단조로울 수밖에 없고, 매일 유사한 생활이 반복된다.

　생활이 단순할수록 회상되는 일이 별로 없으며 아주 오래된 젊은 시절만이 가끔 떠오른다. 아, 옛날이여! 최근 몇 년은 구멍 난 시간 같다. 마치 빈 보자기 같은 세월이었다.

　아무 것도 들어있지 않은 빈 가방에서 무엇을 기억하고 회상할 수 있을까? 이제 빈 가방을 들고 다니는 어른들이 있다면 마라톤으로 채워 담아보자. 마라톤은 연습도 실전도 쉽게 넘어갈 수 없는 이벤트이다.

　마치 바둑게임이 매번 둘 때마다 다른 상황이 전개되듯 마라톤도 달릴 때마다 항상 다른 드라마가 연출된다.
하루 가운데는 밤이 길어 보이지만 세월이 지나서 보면 낮이 더 길

었고, 낮에 이루어 진 일이 역사의 주축을 이루고 있다. 역사가 밤에 이루어진다는 말은 야한 표현에 불과하다. 밤은 통상 휴식이며 수면에 필요한 시간이다.

낮에는 이벤트를 만들고, 밤에는 낮의 활동을 정리하고 수면을 통해 내일의 활동을 위한 에너지와 면역체계를 보충하는 시간이다. 나이가 든 사람에게는 에너지 보충을 위한 밤 시간이 더 길어지는 법이다.

중년들은 마라톤에서 무엇을 즐길까?

어른들이 운동성 놀이인 마라톤에 눈을 돌리게 되는 계기는 개인마다 차이가 있을 수 있지만, 마라톤 출발점에는 확실히 젊은 층보다는 40~50대의 중년들이 다수를 차지한다. 중년들에게 필요한 3박자, 즉 즐거움, 좋은 친구, 자신을 돌아 볼 수 있는 기회가 마라톤에 모두 들어있고, 이 3박자가 역동적으로 상호작용하기 때문이다.

특히 현재의 대한민국 중년들은 성장하면서 짧은 기간에 1차 산업인 농업을 시작으로 공업화와 정보화를 모두 경험한 세대인데, 그들은 오늘날 눈부시게 발전된 과학기술시대에 살면서 한편으로는 몸으로 부딪히는 마라톤을 통해 뼛속에 새겨두고 있는 농경시대의 향수와 추억을 달래고 있을지도 모를 일이다.

또한 마라톤 마니아들의 달리기 현장에 가면 훈련을 통해 깊어진 내공 경연장 같기도 하다. 단순한 힘과는 조금 성격이 다른 내공은 수련을 하면 증가하는 심폐기능과 근육의 내구성, 탄력, 그리고 달리는 자세를 뒷받침해주는 신체 전반의 강도 등이 모두 포함될 것인데 이런 내공을 뽐내고 싶어 하는 것이 주로 중년의 수컷들인 것이다.

달리기는 머리와 마음을 비우고 몸을 움직이는 운동이기 때문에 달리기를 통해 느끼는 것은 카타르시스를 제공하는 육체적 자극이다. 머리를 풀어헤친 무당이 한바탕 굿판을 벌이듯 주자들은 주기적으로 몸과 마음을 발가벗고, 외부 규칙이나 제재 없이 무거운 영혼을 씻어 내리는 것이다.

마라톤은 현실에 눌린 여러 욕망이 스포츠로 표출되어 한여름 태풍처럼 마음을 정화시키고, 그래서 다음 날 가뿐한 마음으로 새로운 일상을 재개할 수 있게 하는 매개체이다. 밤에 꾸는 꿈이 우리의 이성이 잠든 사이에 튀어나오는 광기라면 마라톤은 조용히 걷는 삶을 살 수 밖에 없는 현대인에게 집단적으로 제공하는 극단적이고 흥겨운 놀이다.

심리학자들은 사람이 꿈을 꾸지 않으면 매일 솟아나는 욕망이 집요해져서 정서적인 평형을 유지할 수 없게 될 지도 모른다고 한다.

중년의 달림이 들은 매일 반복되는 생활의 고요한 사이클에서 쌓였던 스트레스를 해소하고, 가깝지만 낯선 곳을 여행 갔다 온 듯 한 새로움을 마음에 축적시킨다. 그 축적된 에너지들은 곧 다가올 노년의 시대에 남다른 건강과 열정의 바탕이 될 것이다.

마라톤, 알고 보면 맛있는 스포츠다

우리 각자가 올해의 인물

미국의 권위 있는 시사주간지인 〈타임〉은 해마다 그 해에 세계적으로 가장 영향력 있었던 인물을 선정해오고 있는데 2006년 '올해의 인물'에는 특이하게도 '우리 각자'가 선정되었다.

'올해의 인물'에 '우리 각자'가 선정되었다는 것은 이 시대의 역사를 견인해가는 주체가 어떤 걸출한 시대적 영웅이 아니라, 세상을 구성하고 있는 '구성원 모두'라는 점을 인식하는 것이다.

종래의 사회가 특정 소수에 의해 중요한 의사결정이 이루어지고, 그 결정된 의사의 집행에 따라 사회의 발전이 촉진되며, 그 과실도

특정 소수집단이 갖는 사회였다면, 이제는 사회의 다수를 형성하는 풀뿌리 구성원들을 사회의 중요한 인자(因子)로 인식하는 획기적인 전환이다.

과거의 사회에서 축구는 박지성의 것이었으며, 프로야구는 이승엽의 것이었다. 피겨는 김연아의 것이었으며, 역도는 장미란의 것이었다. 정치는 국회의원의 전유물이었으며, 여론은 언론기관이 형성했다.

'우리 각자'는 그런 현상들을 뒷받침하는 보조자에 불과했다.

중심에는 '우리 자신'이 존재하지 않았다. '우리 각자'는 역사의 본류에서 떨어져 나온 파편에 불과했다.

그러나 이제는 시대가 달라졌다. 걸출한 스타의 영향력이 여전히 존재하는 것만은 분명하지만 우리 각자의 역할과 참여도 그만큼 중요한 시대가 도래한 것이다. 스타도 아니고 영웅도 아닌 우리 모두가 역사의 주역이 되는 것이다.

우리 각자가 참여하고 각자가 직접 행동하는 대표적인 이벤트가 마라톤이다.

그 동안 사회의 변방에서 작은 북소리를 내고 있었던 우리 각자가 역사의 중심에서 지르는 함성이 마라톤이다.

수많은 '올해의 인물'인 '우리 각자'가 자기를 발견하고, 자신들의 존재감을 인식 하는 시대가 온 것이다.

〈타임〉지가 올해의 인물로 '우리 각자'를 선정한 것은 이와 같은 추세의 반영이기도 하며, 이 선정은 또한 앞으로 우리 각자의 역할을 급속히 증대시키는 촉진제 역할을 하게 될 것이다. 그 획기적인 시대적 전환의 중심에 오늘 우리가 몰입해 있는 마라톤이 있다.

이제 도로를 가득 메운 마라토너의 행렬을 보고 있노라면 마치 그것이 현명한 다수의 집합적 시위와 깨달음 같다는 느낌이 든다.
현명한 군중들!
확실히 오늘날 군중들은 현명해 졌다.

그 동안 우리는 소수의 엘리트 집단이 다수의 백성들보다 현명하다는 주장이 그럴싸해 보인다는 착각에 빠져 살았다.

그러나 소수의 리더들이 어떤 문제에 대해 얼마나 잘못된 의사결정을 하는지 우리는 많이 보아왔으며, 그 잘못된 결정이 우리 다수의 삶에 얼마나 부정적으로 작용했는지 경험해 왔다.

'더 많은 대중이 더 현명하다'라는 '대중지혜론'을 펼친 〈제임스 서로위키(James Surowwieck)〉의 주장처럼 대중의 많은 의견의 집합은 한 개인의 제한된 경험에 입각한 사고보다 현명할 수 있다.

실제로 조사에 의하면, 미국의 어느 퀴즈 프로그램에서 현명한 판단을 요구하는 문제에서 특정 엘리트 참가자가 다수의 방청객보다 잘못된 해결책을 내놓았다는 통계가 있다.

이 실험에서는 특정 엘리트가 내놓은 해결책의 현명한 정도는 60% 가량인 반면, 다수의 방청객이 제시한 해결책은 90%이상의 현명도를 나타냈다는 것이다.

이런 사실을 우리는 그 동안 제대로 인식하지 못하고 살았다. 정보가 부족하고, 그런 사실을 깨우칠 만한 경로가 부족했기 때문이다.

실제로, 정부의 주장과 인터넷 네티즌의 의견들을 면밀히 보면 일부 소수의 주장과 결정이 얼마나 허점투성이인지를 알 수 있다.

제한된 정보를 바탕으로 제한된 시간에 보도를 해야 하는 언론은 그들의 간접경험이 실제로 그 일을 경험한 엄청나게 많은 대중들의 정보에 의해 뒤집힌다.

방송에 등장하는 드라마나 다큐멘터리 프로그램도 네티즌들의 혹독한 비평에 시달리는 사례를 우리는 적지 않게 목격하고 있다.

우리는 그 동안 그들이 일방적으로 제작한 프로그램을 통해 그들이 주장하려는 의도에 조작될 수밖에 없었다.

이제 달라진 현실은 그 프로그램과 제작진의 권위를 우리와 대등한 수준으로 떨어트렸다.
다시 말해서 현명한 다수의 판단도 다양한 경험을 통한 논리적이고 실증적인 것으로 기존의 권위와 동등해졌다고 해도 과언이 아니다.
인터넷을 포함한 각종 정보기술의 발달로 홍수가 된 정보가 자연스럽게 민주주의를 이루어 낸 것이다.

이제 정보의 민주주의, 정보공유의 민주주의 시대를 맞아 우리는 우리끼리 주고받는 정보를 더 신뢰하게 되었으며, 다중의 영향력이 더욱 커졌음을 실감하고 있다.
그 민주주의 사회에서 우리 각자의 역할과 책임도 더해 감을 깨닫게

된다. 오늘 이 마라톤의 행렬에 참가한 다수의 현명한 대중들이 시
대와 역사의 주인공인 셈이다.

달리는 행위 자체가 진보다

　마라톤을 취미로 하려면 살면서 게을러지려는 순간 자리를 박차고 나가는 어느 정도의 용기와 결단이 필요하다. 이런 용기와 결단이 일정기간 지속되어 습관으로 형성되어야 한다.

　북적거리는 대포 집에서 남들이 술잔을 기울일 때 우리 달림이 들은 술자리를 뿌리치고 나와 달린다. 남들이 따뜻한 방안에서 고스톱을 즐길 때 우리는 찬바람을 맞으며 강변을 누빈다.

　남들이 시원한 개울가에 발 담그고 삼겹살을 구워 먹을 때 우리 달림이 들은 뜨거운 햇빛 아래에서 육체를 단련한다.

달리는 것이 즐겁든 그렇지 않든 간에 우리들에겐 다른 종류의 과제가 있고, 설정한 목표를 달성하기 위해 일상적으로 주어지는 나른한 즐거움 정도는 포기할 준비가 되어 있는 사람들이다.

풀코스 마라톤을 한꺼번에 주파하기 위해서는 다리 근육을 비롯하여 폐활량, 강한 심장과 같은 신체조건이 필요한데 그런 조건들이 하루 이틀 만에 형성되는 것이 아니라 어느 정도의 수련 기간이 지나야 갖추어 진다.

지구력이나 근력 같은 신체 조건들은 또한 일정기간 휴식을 취하면 다시 원상으로 돌아가 버리는 휘발성을 갖고 있기 때문에 지속적인 관리가 필요하기도 하다.

기계장비에 의존할 수도 없고, 누가 대신 달려 줄 수도 없는 이 마라톤을 혼자 힘으로 완주하기 위해서는 스스로 몸을 만들지 않으면 안 되는 것이다.

마라톤이 '자기와의 싸움'이라고 하는 뜻은 이렇게 자기의 과제를 자기만이 해결할 수 있다는 것이며, 이를 위해 본인 스스로 준비되어 있어야 하는 것이다.

자기와의 싸움은 또한 자기 스스로 정한 목표를 달성하기 위해 홀로 있는 시간에도 열심히 노력하는 것을 포함한다.

자기와의 싸움은 말로 하기에는 매우 쉬운 듯하고, 그 의미가 간단한 것 같으나 실제로는 매우 깊은 의미와 강한 동기부여, 그리고 실천력을 요구한다.

사회적 동물인 우리는 대개 남들을 의식하면서 사는 것이 보통인데, 다른 사람들이 보는 앞에서는 열심히 일하는 것 같지만 아무도 없는 곳에서는 요령을 부리고 게을러지기도 하며 여러 가지 유혹에 빠지기 쉽다.

학교나 군대, 일터 등에서 우리는 남들이 보는 시간에는 규칙을 지키고 공부도 열심히 하며 성실한 사람인 것처럼 행동한다.

선생님이나 지휘관이나 직장상사가 없는데도 꾀를 부리지 않고 규칙을 지키면서 본분을 다할 수 있는가? 감시자가 없어도 있는 것처럼 항상 열심히 살았다면 지금 나의 모습도 전혀 다르게 되어 있을 것이다.

자기와의 싸움에서 이긴다는 것은 이처럼 홀로 있는 시간에도 스스로 동기부여 되어 수시로 밀려오는 욕구를 물리치고 성실하게 자기의 목표 달성을 위해 정진하는 것일 것이다.

마라톤이 자기와의 싸움이란 것은 마라톤이 다른 사람과 경쟁을 하지 않는 운동이란 의미는 아닐 것이다.

그것은 남들이 보지 않는 시간에도 성실하게 훈련하지 않으면 풀코스를 완주할 수 없으며, 풀코스를 달리는 동안 수시로 찾아오는 포기하고 싶은 욕구, 타협하고 싶은 마음을 스스로 극복하고 주어진 전체 코스를 완주해야 함을 뜻한다.

훈련을 하고, 풀코스를 달리고, 또 훈련을 하고, 또 풀코스를 달리고 하는 행위를 반복하는 과정에서 홀로 있는 시간에도 열심히 하지 않으면 스스로 정한 목표를 달성하지 못한다는 점을 몸소 체험하고, 혼자만의 시간에도 스스로 유혹을 뿌리치고 목표를 향해 나아가는 습관을 기르는 사람이라는 것이 바른 표현일 것이다.

수행을 하는 사람들에 의하면, 수행은 스스로 행복해지기 위한 과정이며, 자기에 대한 가장 멋있는 배려라고 한다. 주변에서 다가오는 사회적 욕구를 억제하고 어느 정도의 공을 들여 수행을 하다 보면 예측하지 못했던 내적 평온함이 찾아오는데 그것이 진정한 행복의 맛이라고 한다.

주변 환경에 흔들리지 않는 생활을 통해 자기만의 자아와 의지를 다듬어 나가면 정신적, 종교적인 행복에 도달할 수 있다. 일반적으로 우리가 누린다고 생각하는 돈과 권력을 통한 행복은 언제나 그 뒷맛이 쓸쓸한 반면, 이처럼 정성 들여 수행한 뒷맛은 길고도 더 달콤할 수가 있다.

달리기 위해 자리를 박차고 나가는 사람들은 대개 현실의 상황과 여건을 수용하기 보다는 그 현실을 타개하고 현실에 도전하려는 습성을 지닌 사람들일 게다. 그런 사람들이어야 장기적으로 마라톤이 가능하다.

현실에 안주하기 싫은 사람들.

〈건강과 달리기〉의 저자인 이원락 박사에 의하면, 사회의 구성원을 진보와 보수로 2분법적으로 구분해 본다면 이와 같은 속성을 지닌 마라토너들은 진보적 성향에 가깝다고 한다.

이들이 마라톤을 즐기게 되고, 마라톤을 즐기다 보면 눈이 오나 비가 오나 나가야 해서 그런 경향을 띠게 되는 경우도 많다.

그래서 마라톤을 취미로 하는 사람들은 뜨거운 가슴과 열정을 지닌 사람들이다. 살면서 직면하게 되는 여러 가지 모순에 도전하고 그것을 없애려고 시도하는 사람들이며, 그 과정에서 교훈을 얻어 내일의 그림을 그리고자 하는 사람들이다.

그들은 그것을 추구하기 위해 어느 정도의 고통을 감수할 용의가 있는 사람들이며, 그 사람들을 우리는 진보성향이라고 말하는 것이다.

마라토너의 자기인식

　사람은 대개 자신이 속한 사회적 위치와 조직, 하는 일, 취미활동 등을 통해 자기 스스로에 대한 개념과 정체성을 확립한다.

　어떤 한 가지 일에 장기간 몰두하다 보면 그 일로 인해 사물을 해석하는 고유하고 특징적인 시각이 생기는데 이것이 직업의식이다. 직업의식은 자기 앞에 던져진 문제를 해석하고 접근함에 있어서 개인이 보이는 일정한 태도와 행동양식을 말한다.

　직업의식은 일관되게 습관화된 일종의 자기인식이다. 스스로 본인을 '이러 이러한 사람'이라고 믿고 규정하는 '스타일'인 것이다.

인간은 누구나 자신이 생각하는 대로 스스로의 이미지를 형성해 나가며, 그 이미지에 따라 행동하게 되고, 그 행동에 따라 다시 이미지가 강화된다.

개념화된 자기인식은 뇌의 깊은 곳에 프로그램으로 저장되어 있기 때문에 살면서 부딪히는 여러 가지 상황에 대해 무의식적으로 그 프로그램에 입각한 반응을 하면서 '그런 스타일'이 되려고 노력하게 된다.
자기개념화는 본인의 정신작용과 행동모형에 많은 영향을 미치게 되며, 궁극적으로는 그 사람의 운명을 결정한다.

직장인이 평소에는 직장 규범과 틀 안에서 생각하고 행동하다가 예비군복을 입고 훈련장에 가면 사고체계가 예비군처럼 되는 것도 같은 이치이다.

자신에 대한 개념이 분명한 사람은 인생목표와 전략도 분명하고 구체적이다. 목표가 선명하면 삶이 계획적이며, 어려운 일에 부딪혀도 극복할 수 있는 힘이 있다. 그런 사람은 새로운 상황에 직면하면 적극적으로 대처한다.

마라톤은 강한 육체를 필요로 하며, 도전정신과 인내심을 요구하는 운동으로서 이 특징이 마라톤을 취미로 하는 사람에게 중요한 자기개념화의 틀이 될 것이다.

마라톤 정신 혹은 '마라토니즘(Marathonism)'이라고 이름 붙이면 어떨까?

마라톤이 지니고 있는 고유한 특징이 몸에 배어 그에 입각하여 살아가는 것이다.

마라톤은 우리에게 장기적인 관점에서 현안을 바라보고, 미래의 더 좋은 결과를 위해 오늘 힘 조절을 해두는 습관을 길러 줄 것이다.

지금의 힘든 상황도 지나고 나면 더 나아진 상황이 오며, 미래의 쾌감이 어떤 것이라는 것을 마라톤을 통해 자주 접해보게 해 줄 것이다.

마라톤 완주는, 매일 비슷하게 반복되는 일상생활에서 벗어나 어떤 특별한 계기를 만나 작심을 하고, 이를 결단코 실천했을 때 맛보는 짜릿한 경험인데 이 특별한 경험이 그로 하여금 매사를 남다르게 접근하도록 사고를 전환시킨다.

1백리 길을 달리다 보면 거리에 대한 두려움이 사라지고, 두려움이 없어지면 일상에서도 생각의 범위가 확장된다. 행동반경과 생각의 범위가 상호작용하며 동시에 넓어지는 것이다. 반대로 행동반경이 좁아지면 생각의 범위도 그에 따라 좁아진다.

높이뛰기의 달인인 벼룩의 예를 보자.

벼룩을 뚜껑이 있는 상자에 넣어 오랫동안 두면 벼룩은 뛰어 오를 때마다 상자 뚜껑에 부딪히게 되고, 그런 행위가 반복된다. 일정한 시간이 흘러 그것이 습관이 되면 벼룩의 점프력은 상자 높이를 넘지 못한다. 자신의 한계가 거기까지라고 생각하게 된 벼룩은 상자 뚜껑을 열어도 결국 상자 밖으로 나오지 못하게 된다.

나도 그랬다. 달리기를 처음 시작할 때는 5킬로 거리도 심리적인 부담을 가지고 있었다. 그런 두려움이 있으면 실제로 같은 거리를 달리는데도 힘이 더 들고 쉽게 지친다. 따라서 처음에는 거리를 늘리는 것에 적지 않은 어려움이 있었다.

그러나 풀코스를 몇 번 완주한 이후에는 별 훈련 없이도 웬만한 거리는 부담 없이 달릴 수 있었다. 이미 심리적으로 그 정도의 거리는 극복하고 있기 때문이다.

익숙한 길은 쉽게 느껴지며 초행길도 가는 길보다 돌아오는 길이 가깝게 느껴진다.

다른 일도 마찬가지지만 어느 기간 동안 주기적으로 달리면 뇌에서 달리기와 연관된 자율신경회로가 발달하게 된다.

달리기 자율신경회로란, 마치 달리기 중독처럼 되는 현상이다. 예를 들면, 달리는 장면을 보면 함께 달리고 싶은 충동을 느낀다, 중요한 마라톤 대회를 앞두고 마음에 긴장과 동요가 일어난다, 달리기가 취미인 사람을 만나면 정감을 느낀다, 정기적으로 달리지 않으면 허전하다, 달리기 뉴스를 보면 읽지 않고 못 견딘다.

요컨대, 달리기 정보가 컴퓨터의 임시 저장소인 캐시 메모리 (Cache Memory)처럼 우리 뇌의 임시저장소에 보관되어 늘 의식 중에 '끌어당김'으로 관행화되는 현상이다.

사물이나 일상생활을 마라톤과 견주어 생각하는 습관도 그런 현상의 하나이다.

달리기 자율 신경이 발달하면 그것이 일상생활에서 적극적인 기

제로 작용할 것이다.

IT 기술이 발전하여 우리생활에 깊이 침투해 있는 오늘, 우리 생활 패턴은 과거의 이동형(移動形)에서 정주형(定住形)으로 빠르게 바뀌고 있어서 몸을 움직여야 먹을 것을 조달할 수 있었던 지난 날의 패턴에서 이제는 가만히 앉아서 그런 것들을 얻게 되었다.

육체의 기능은 움직이지 않으면 퇴화되고, 퇴화된 기능은 다시 몸을 움직이기 어렵게 하는 악순환이 이어진다. 어떤 계기로든 이런 순환 고리를 막고, 선순환의 고리로 바꾸어야 하는데 달리기가 적당하다.

달리기를 생활화함으로써 움직임이 민첩해지고 이동에 자신감이 생기면 생각과 행동이 동적으로 바뀌고, 가급적 몸을 많이 움직이는 방향으로 의사결정을 하게 된다.

웬만한 거리는 시간이 허락하는 한 걸어 다니게 되고, 엘리베이터보다는 계단을 이용하는 습관이 생긴다.

일상생활에서 두 다리를 이용하고자 처음에는 의식적으로 노력을 하지만, 차츰 그것이 익숙해지면 자연스럽게 가까운 거리는 걸어서 다닌다.

중년을 넘은 나는 지금도 직장에서 육체를 움직여야 하는 일은 가급적이면 스스로 해결하려고 노력한다. 사회가 나를 울타리 안에 머물게 한 것에 반항하듯 부지런히 몸을 움직여 쏘다닌다. 조금 과장을 하면 동물원 우리 안에 갇혀 있는 들개와 같다고 할까? 잠시도 쉬지 않고 끊임없이 우리 안을 왔다 갔다 하는 들개.

문방구나 편의점에 갈 일 등은 대개 나의 몫이고, 다른 사람과 만날 약속도 대체로 내가 움직여 상대방이 있는 곳으로 가는 선택을 한다. 그렇게 몸을 움직이는 일은 자청한다.

지하철을 타기 위해서 계단을 다닐 때는 오르막은 대퇴부 근육강화운동의 기회이고, 내리막에서는 복근운동을 할 수 있다. 언제부터인가 지하철 벽면에 나붙은 생활체육요령 한 구절 – 〈전철을 기다릴 때는 발뒤꿈치를 들고 서 있어 보세요〉

거기에도 나와 비슷한 생활패턴을 가진 사람이 있다는 동료의식에 반가운 마음이 생긴다.

계단은 한 칸씩 오르지 않고 한꺼번에 두 세 칸씩 오른다. 계단 오르기도 놀이로 하면 재미가 있다.

대중교통을 이용하는 경우 굳이 자리에 앉기 위해 서두르지 않으며, 언제나 자리를 양보할 준비가 되어 있다. 웬만한 거리는 서서 가도 마음이 초조하지 않다. 자리다툼이 공연한 것으로 받아들여지면서 자연스럽게 다른 종류의 다툼도 하기 싫어지고 마음에 여유가 생긴다. 젊은 사람에게 자리를 양보할 때는 내가 그 사람보다 더 젊은 것 같아서 슬며시 웃음이 나온다.

스스로 걷거나 서는 자세를 바르게 하려고 의도적으로 노력하게 되고, 그것이 습관이 된다.

걸을 때도 다리를 뻗으려고 노력하여 마치 달리는 자세로 앞발 착지를 하면서 보행해 보기도 한다. 앞발 착지를 하면 심호흡은 자연스럽게 동반된다. 태국의 고승인 〈틱 낫한〉이 '의식적으로 걷기'를 주창했는데 그것이 이런 것일까?

버스 정거장으로 치면 서너 정거장 정도는 걷는 경우가 많은데, 빠른 걸음이나 조금 느린 조깅모드로 가면 막히는 도심지에서는 내 걸음이 버스보다 오히려 빠를 때도 있다.

다소 쌀쌀한 겨울, 콧노래를 부르며 도심을 빠르게 쏘다니는 기분 또한 그만이다. 건강도 챙기고 교통비도 절약된다. 서울 도심의 공기가 조금 더 맑으면 좋겠지만 아무래도 상관없다. 마라톤으로 나만의 특별한 생활스타일이 생기면 그게 좋은 것이니까.

대립감정

주자들이 고통을 감내하면서까지 마라톤을 취미로 삼는 동기를 어떤 학자들은 심리학의 대립감정으로 해석한다.

대립감정은 스릴과 고통을 맞이하면 일시적으로는 그 고통을 견디기 위해 어려움을 겪게 되지만, 시간이 지나서 그 고통스러운 상황이 끝나면 오히려 그 반대의 상태로 쾌감을 느끼게 된다는 것을 말한다.

놀이시설에 가서 스릴과 공포가 넘치는 롤러코스트나 제트스키 같은 기구들을 타보면 그 순간에는 무서움으로 인해 마음이 매우 불

편하다. 그러나 시간이 흘러 이런 공포감이 사라지면 왠지 모르게 마음속에 쾌감이 몰려온다.

그 기분은 어떤 일을 해냈다는 성취감과는 다른 것인데, 마치 이 전의 고통스러운 상황에 대한 보상심리와 오히려 비슷한 감정이다.

반대의 경우를 보자.

향정신성 약물 중독자들이 필요한 약물을 투여하면 그 당시에는 일시적으로 쾌감을 가져다 주지만 머지않아 약 기운이 떨어져 곧 허전하고 불쾌한 상태로 돌아가게 된다.

술을 마시는 경우도 마찬가지이다. 얼마간은 취해서 기분이 좋은 상태가 되지만 술이 깨고 나면 어딘가 우울한 기분이 되는 것은 많은 사람들이 경험했을 것이다.

이 두 가지 정반대의 현상들은 중독성이 강한 것들로서 마라톤이 긍정적인 중독이라면 술이나 마약 같은 것은 부정적인 중독의 사례이다. 죽음이 없다면 삶이 어찌 즐거우며, 실패 없는 성공이 있을 수 있을까?

마라톤은 대표적인 긍정적 중독의 스포츠이다.

한 두어 시간의 고통스러운 시간이 지나면 그 여운으로 상당히 긴 쾌감이 지속된다. 마라톤을 이해하지 못하는 사람들이 왜 그렇게 고통스러운 운동을 하느냐고 의문을 가지는데 마라톤으로부터 겪는 고통이 클수록 그 이후에 얻는 쾌감도 크다는 것만으론 설명이 부족할까?

남녀 간의 사랑도 대립감정의 좋은 사례가 될 것이다.

콩깍지가 끼여 앞뒤 분간이 안 되다가도 뜨거운 사랑이 식으면 그놈의 사랑이란 게 처음 온도인 0도가 되는 것이 아니라 마이너스 감정인 영하의 온도로 내려와 있다.

그래서 헤어지고 난 이후에도 연인에서 친구와 같은 관계를 유지하는 사람을 보면 대단한 내공을 지닌 사람이라는 생각이 든다.

지구상에 존재하는 모든 에너지는 스스로 대칭과 균형을 이루려는 성질을 가지고 있고, 고통스럽기만 해 보이는 마라톤의 생명력은 이런 까닭으로 유지되는 것 같다.

마라톤을 통한 긍정적 선순환

한강변에 집을 얻어 살고 있는 나는 휴일이면 가끔 강변도로를 산보하기 위해 나간다. 한강변은 이제 서울의 서쪽 끝에서 동쪽 끝까지, 수도권의 경계선을 넘어 전국으로 연결되어 있다.

휴일, 이 자전거 도로를 무심코 걸어 나왔다가 우연히 마라톤 대회에 참가하는 주자들을 만나면 공연히 반갑고 마음이 설렌다.

가슴에 배번을 달고 제각각 달리는 주자들을 보면 나의 가슴은 동요되고, 그들과 함께 달리고 싶어진다. 시골의 한적한 길을 걷던 총각이 버스 정류소에서 아름다운 처녀를 만나면 이런 기분일까?

가슴에 달린 배번은 우리를 더욱 특별하게 한다.

같은 달리기라도 아무 표시가 없이 뛰는 것과 가슴에 번호표를 달고 다른 주자들과 함께 달리는 것은 커다란 차이가 있다. 배번은 내가 다른 사람과 다른 특별한 신분임을 일깨우게 해 주고, 가슴에 배번호를 달고 있는 한 나는 스포츠 선수가 되며, 나에 대해 특별한 감정을 갖는다.

가슴 - !

거기에 달린 특별한 표식으로 나를 다르게 받아들이게 하는 것. 그것이 마라톤 대회이며, 보통 사람인 나에게 특별한 의미를 제공하는 이벤트인 것이다. 야외 한강변에서 가끔 제공되는 기회인 것이다.

마라톤 대회에 참가한다는 것은 이렇게 평범한 인생을 특별한 이벤트에 가담하게 하는, 새로움과 활기를 제공하는 기회이다.

배번을 앞가슴에 붙이고 달리는 그들의 모습을 보고 있노라면 나는 어느 새 그들과 함께 달리는 상상에 잠기게 된다.

그 상상 속에는 그 주자들의 뒤에서 그들과의 거리를 조금씩 좁혀

가는 상상이나 그들과 나란히 동반주 하는 상상도 포함된다.

단순히 같은 취미를 가졌다는 평면적 동질감이 아니라 같은 여건에서 같은 환경과 자연경관을 공유하고, 함께 길을 가는 동반자 의식을 나누는 입체적 동질감이다.

특히 뛰어서 건너는 한강다리는 차를 타고 건널 때와는 맛이 아주다르다. 세상의 굵은 흐름 속에 섞여서 그 흐름을 주도하지 못하고살짝 비껴 나와 울어대는 한여름의 개구리 같다고 할까?

우리 부부는 가끔 주말을 이용하여 한강에서 과천까지 종단(?)을 하곤 하는데 한강에서 양재천을 거쳐 과천으로 가는 자전거 도로의 양 길옆으로 조성된 개천과 꽃나무들도 이때는 우리 가족의일원이 된다.

몸을 움직이면 마음도 분주하게 움직이는데 그렇게 되면 나는 〈아이들〉 〈나뭇잎〉 등과 함께 '잠시도 가만히 있지 못하는 3대물체' 가운데 하나가 된다. 얼핏 보기에는 하염없이 정지해 있기만하는 듯한 나뭇잎이 나처럼 분주히 움직이는 부류에 속한다는 것도

반갑고 신기하다.

달리기를 습관적으로 하여 웬만한 거리에 자신감이 붙으면 긍정적 중독이 되어 달리기를 지속하게 되고, 그러다가 보면 운동을 통한 생활혁신이 이루어진다.

마라톤은 육체를 서서히 발달시키면서 조금씩 피로도 가중시키는 운동이다. 즐거운 마음으로 달리다 보면 자신도 모르는 사이에 상당히 단련된 근력이 만들어 지는데, 탄탄한 근력은 달리기의 원동력이 되고, 달리고 나면 다시 더욱 강한 근력이 만들어지는 긍정적 순환작용이 이루어진다.

마라톤을 통해 마음과 육체가 긍정적으로 선 순환하는 장면은 영화 '말아톤'에서 잘 묘사되었다.

'말아톤'은 발달장애를 앓고 있는 '초원이' 배형진 씨를 주인공으로 하면서 그가 마라톤을 통해 어떻게 장애를 극복하고 즐겁게 살아가는지를 잘 보여주는 영화이다. 영화에서는 마라톤이 인간의 삶에 미치는 여러 가지 측면을 스토리로 잘 엮어 나가고 있으며, 배형진 씨는 이 영화를 통해 유명인사로 태어났다.

실제로, 오늘날 치열한 경쟁사회를 살아가는 사람들은 배씨처럼 크고 작은 정신적 압박감을 억누르며 살고 있다.

배씨는 성격이 예민하여 항상 어머니의 보살핌이 필요하다. 어머니는 배씨가 어떻게 하면 밝은 세상으로 나아 갈 수 있을 지 고심한다.

배형진 씨가 달리기를 좋아하는 것은 우연이지만, 그에게는 그것이 무엇보다도 행운이자 축복이다.

그는 말한다. '달리기를 할 때가 가장 신나고 기분 좋은 시간이다' 라고. 그가 달리기를 할 때 짓는 밝고 적극적인 표정은 일상생활을 할 때와는 판이하다.

영화 속에서 그의 다리는 '백만 불짜리 다리'로 불린다. 달리기가 그에게 심리적 행복감을 줌으로써 인생전반에 커다란 영향을 미치기 때문이다.
배씨는 어머니 박미경씨의 보호아래 달리기 연습을 꾸준히 하여 아마추어의 꿈의 기록인 서브-3를 달성했다.

서브-3를 달성하기 위해서는 풀코스를 달릴 수 있는 체력적인 뒷받침도 필요하지만 더욱 중요한 것은 강한 목표의식과 빠른 속도를 일정하게 유지할 수 있는 집중력, 인내력이 필요한데 정신적 발달장애를 가진 배씨가 지루하고 긴 풀코스를 달리면서 내내 고통을 참으면서 강한 정신력과 집중력을 발휘했다는 점은 매우 특별한 의미를 갖는다. 그만큼 달리기가 재미도 주었을 뿐 아니라 도전의욕도 제공해 준 것이다.

진화하는 기록과 사람

　사람이 마라톤을 진화시키고 그 진화된 마라톤이 다시 사람을 진화시킨다. 그 진화는 기록으로, 마라톤 용품의 품질로, 도로와 같은 달리기 인프라 시설로 입증된다.

　인간의 능력은 과연 진화하는가? 만일 능력이 계속 진화한다면 오늘날 인간은 과거 원시시대에 비해 수 만년 동안 진화하여 그 능력이 무한히 증가했을 것이다.

　역사에 등장하는 영웅들의 이야기나 이론적으로 설명할 수 없는 과거 건축물, 고전 예술작품, 동의보감과 같은 명품서적 등을 대할

때는 진화론을 거부하고 싶지만 과학기술과 산업이 발전하고, 접촉효과에 의해 인간은 많은 접촉이 이루어질수록 두뇌와 판단력이 향상된다는 점도 일리가 있어 보이기 때문에 섣불리 어느 한 주장에 동조할 수가 없다.

이 부분에 대해서는 환경론자와 진화론자 사이에 주장이 팽팽하다. 어쨌든 나의 마라톤 기록을 보면서 진화의 한 단면을 보자.

나의 마라톤 풀코스 최고기록은 2시간 58분 14초이다. 이 기록은 프로선수의 시각에서 보면 아주 느린 기록이지만 아마추어의 입장에서 보면 그런대로 빠른 기록이다. 이 기록을 올림픽에서의 마라톤 기록과 비교하면 재미있는 이야기가 나온다.

지금으로부터 약 1백 년 전.

제1회 올림픽은 알다시피 그리스 아테네에서 개최되었다. 당시 마라톤 종목에서 우승하여 월계관을 쓰게 된 기록은 2시간 58분 50초이다.

4년 뒤 프랑스 파리에서 열린 제2회 올림픽에서의 마라톤 우승기록은 2시간 59분이었다.

파리에서의 올림픽 챔피언 기록은 4년 전의 아테네 올림픽보다 오히려 후퇴되었다.

　나의 2시간 58분 14초의 기록은 1백 년 전에 태어나서 올림픽에 출전했더라면 마라톤 부문에서 2회 연속 우승하는 영웅적인 마라토너로 기억될 뻔 한 것이다. 요즘으로 치면 대회 신기록까지 작성하면서 말이다.
　그것도 전문 마라토너가 아니라 일상생활 도중 틈틈이 연습을 하는 일반인의 기록이다.

　당시에는 마라톤의 거리도 40킬로로서 지금보다 2.195킬로가 짧았다고 한다. 오늘날 서브-3 주자들은 1백 년 전으로 거슬러 올라가면 모두 올림픽에서 우승했을 것이다.

　이처럼 백 년 전 세계 챔피언과 필적할 만한 기록을 가진 아마추어 서브-3 주자가 우리 대한민국 내에서만도 수천 명에 이른다.

　이 사실이 의미하는 것은 지난 1백 년 동안 인류와 마라톤이 상호작용하면서 서로에게 눈부신 발전을 가져다 주었다는 것이다. 인

간이 마라톤을 위해 우수한 신발을 비롯하여 평평한 도로, 영양학과 정신력 등을 끊임없이 개발했고, 그 보답으로 마라톤이 인간의 능력을 향상시켰다.

인간의 능력은 계단식으로 향상하여 많은 주자들이 '마의 기록'이라고 설정해 둔 한계를 넘어 왔다. 오늘날 2시간 3분대의 기록들이 등장하고 환갑을 넘은 서브-3가 즐비한 것도 같은 현상이다. 서기 일천 년 인간의 평균 수명이 35세였다는 사실은 오늘날 인간의 지속적인 버전 상승의 한 단면이다.

마라톤 현상

요즘 대한민국에서 펼쳐지는 연간 마라톤 대회 일정표를 보면 마라톤이 우리 주변에 얼마나 폭넓게 보급되고 있는지 실감할 수 있다. 주말이나 공휴일이면 빠짐없이 마라톤대회가 곳곳에서 개최되는데 대회 숫자도 늘고 점점 그 개최지도 전국적으로 확산되어 있다.

개최되는 대회마다 적게는 수천, 많게는 수만 명의 동호인이 참가하여 대성황을 이룬다. 대회를 개최하는 지방자치단체는 많은 사람들을 자기네 지역으로 오게 하여 고장을 홍보함으로써 지역경제를 활성화하는 효과를 거두기도 한다.

대회를 주최하는 측이나 참가하는 동호인들이나 주말이 되면 전국적으로 마라톤 잔치를 벌인다. 이처럼 마라톤 인구가 날이 갈수록 증가하는 이유가 무엇일까? 여기서는 요즘 들어 가히 〈마라톤 현상〉이라고 불러도 좋을 정도로 많은 사람들이 마라톤으로 유입되는 원인을 정리해보자.

아마추어 마라톤이 일반인에게 본격적으로 보급된 것이 1990년대 중반이라는 점을 감안하면 그 확산속도가 폭발적이라고 할 수 있다. 많은 스포츠 종목이 점차 동호인 숫자가 줄어들어 사라지는 추세에 있는 반면 마라톤 인구와 대회는 이처럼 늘어나는 이유가 무엇일까?

첫째, 마라톤은 평등하다.
우리가 살아가는 오늘의 사회는 여러 가지 기준으로 사람을 구별한다. 자본이 사회의 핵심가치로 자리를 잡으면서 우리가 살아가는 모습은 자본의 많고 적음에 의해 많은 차이를 만들어 낸다. 길 위의 다른 길. 서민층과 특권층은 통행하는 길이 다르다.

공정한 기회는 사라지고, 비합리적인 룰이 적용되지만 그럴싸하게 포장된다. 처음부터 달라진 기회는 시간이 지날수록 격차가 더욱 커진다.

약자에 대한 강자의 불공정행위가 심해질수록 강자의 집 담장은 높은 철조망으로 무장해야 하며, 그래서 불필요한 사회적 비용이 역설적으로 증가한다. 빈곤한 약자는 점차 무기력화, 각박화 되고, 그에 비례하여 강자의 보호막은 두터워진다. 종래 미미했던 안전관련 산업이 성장하며 계층 간의 갈등은 더욱 커지고 소통의 기회는 줄어든다.

금메달리스트가 사회적으로 뜨거운 환영을 받을수록 그 승자를 탄생시킨 수많은 패자들의 삶은 어려워진다. 특히 스포츠의 세계에서는 1등은 한 명이고 나머지는 대부분 고달픈 패자이다.

차별은 또한 갈등을 초래하고 갈등은 또한 스트레스를 생산한다. 생산된 스트레스가 또 다른 스트레스의 바탕이 되는 악순환이 연속된다.
사회는 가속도의 원리에 의해 그런 방향으로 질주한다.
그러나 마라톤의 세계에서는 그렇지 않다. 자본이 많은 사람이나 적은 사람이나, 많이 배운 사람이나 적게 배운 사람이나 똑 같은 기회와 배번을 부여 받는다. 누구든 맨몸으로 동일한 주로를 자력으로 달린다.

첨단 달리기 기구도 이용할 수 없으며, 권력으로 다른 주자를 고용할 수도 없다. 모두가 각자 자기의 책임을 몸으로 이루어야 한다. 달리기에서만은 모든 주자의 기회가 통쾌하게도 균등하다.

둘째, 달리기가 내포하고 있는 혁신적인 요소이다.
평범한 사람에게 마라톤이 발견되고 마라톤에서 혁신을 보는 것은 저 히말라야 산 정상에 서식하고 있을지도 모를 새로운 종의 독수리를 발견하는 것과 같을까? 인류에 의해 발견되기도 전에 멸종될지도 모를 그런 종.

과학기술의 발전과 그에 따른 인간의 정서가 눈부시게 변하고 있는 오늘, 우리는 혁신을 외면하고는 살아갈 수가 없다. 혁신을 통해 개인은 성장하고 역사는 발전한다. 마라톤이 혁신과 무슨 관계가 있냐고? 지금 엎드려 책을 보고 있거나 무료하게 시간을 보내고 있는 사람은 자리에서 벌떡 일어나 뛰어 보라. 달리기와 혁신이 어떤 관련이 있는지 바로 이해하게 될 것이다. 마라톤은 가장 강력한 혁신의 출발점이자, 적극적 혁신실천이다.

셋째, 포기하지 않고 인생 전체를 끝까지 완주하는 불굴의 정신이다.
인생 한 바퀴를 탈 없이 완주하기 위해서는 삶에 대한 열정, 난관을 극복하는 지혜, 진지한 태도, 그리고 건강 등 여러 조건들이 필요할 것이다.

어떤 사람들은 인생 초반에 오버 페이스를 하고서 후반 인생에서 힘들게 사는 삶이 무수히 많다. 인간의 삶에서나 마라톤에서나 긴 여정을 이끌어갈 장기 레이스 전략이 필요하다.

넷째, 삶을 단순화시켜 준다.
복잡한 현실. 우리는 참으로 많은 고민을 안고 산다. 인간관계도 복잡해지고, 기술의 발전도 눈부시다. 정신을 차릴 수 없다. 수많은 정보의 홍수 속에서 폭넓은 선택의 범위를 가진 것 같지만 막상 결단의 순간에 이르면 마땅한 선택을 하기가 어렵다.

주어진 옵션이 좋지 않아서가 아니라 그 선택을 하는데 있어서 고려사항이 그만큼 복잡해졌기 때문이다.

우리의 뇌가 그만큼 복잡해졌고, 고민도 그만큼 늘어났다.
마라톤은 복잡한 문제를 단순화하고 잡념을 없애 준다.

'마음 청소'라고 할까? 달리다 보면 그런 고민들이 단순해 져서 머리가 맑아진다는 느낌을 갖게 된다.

소설가 〈윌라 커이터(Willa Cather)〉는 예술작업에서 가장 높은 단계는 '단순화'라고 말했다. 단순한 것이 더 많은 것을 의미한다. 정점에 있는 것은 가장 뾰족하고 간단한 것이다. 마라톤은 김소월의 시처럼 단순 명료한 스포츠이다.

다섯째, 활력이다.
사람들은 이제 이 치열한 경쟁에서 수없이 많은 실패를 경험하게 되고, 이 실패는 스스로를 실망하게 하며, 자신에 대한 자부심을 앗아 간다.

자부심을 빼앗긴 개인은 무기력해지기 쉬우며, 한번 힘을 잃기 시작한 사람은 더욱 무기력한 늪으로 빠지기 쉽다. 오늘날 치열한 경쟁사회에서 자살률이 높은 이유도 그런 환경 탓일 것이다.

달리기는 이처럼 무기력해지는 개인에게 활력을 불어 넣는다.

적극적인 달리기 동작을 통해 의식이 되살아나고, 몸이 생기를 얻어 침체되는 삶을 벗어나게 한다.

여섯째, 자유로움이다.

마라톤은 경기 룰이 거의 없는 자유로운 스포츠이다.

경기규칙을 몰라 마라톤을 할 수 없는 사람은 별로 없다. 마라톤만큼 일시에 많은 선수가 참가하는 스포츠 종목은 없는데 수많은 참가자에게 까다로운 규칙을 적용한다면 그 이벤트는 어떻게 될까? 참가자가 많을수록 규칙을 잘 몰라 위반자가 많이 발생할 수 있다. 참가자 숫자가 적으면 규칙이 다소 복잡해도 적용하기가 용이할 것이다.

생각해보면, 마라톤과는 달리 대개의 스포츠에는 까다로운 규칙이 존재한다. 규칙이야 말로 스포츠의 속성이자 스포츠 종목의 생명력을 유지해 주는 필수 요건이다.

인간의 신체가 서로 맞부딪혀 겨루는 스포츠에 규칙이 없다면 아마도 그 스포츠는 난장판이 될 것이다.

반면 마라톤에는 이렇다 할 까다로운 규칙이 없다. 마음대로 달리면 되는 것이다. 달리는 도중에 특별히 비상식적인 행위만 하지 않는다면 규칙을 몰라서 마라톤을 못하는 경우는 거의 없다. 그만큼

자유롭게 즐길 수 있는 스포츠가 마라톤 말고 또 있는가?

오늘날 사람들이 도시로 몰려들어 타율에 의해 지켜야 할 복잡한 규칙에 신물이 났다면 마라톤은 이런 규칙에서 해방되어 자유로움을 만끽할 수 있는 스포츠임에 틀림없다.

먹고 살기 위해 어쩔 수 없이 조직의 굴레에서 부드러워 지도록 훈련 받은 현대인이 그 내면에 숨어있는 마초와 같은 기질을 마음대로 표현하는 시간이다. 야생동물과 같은 DNA를 세포 속에 간직하지 않고 사는 사람이 얼마나 있을까?

오늘 하루는 내 마음대로 내가 정하는 속도와 내가 정하는 규칙에 따라 나를 인도한다. 먹고 살기 위해 강제로 주어진 규칙에 지배된 우리는 이 4시간의 자유로운 시간을 만끽하는 것이다.

마라톤은 그만큼 쉽고도 너그러운 스포츠이다.

달리는 데는 특별한 기술도 필요하지 않다. 특별한 복장규정이 있는 것도 아니며, 팀플레이의 일원으로 나에게 기대되는 구체적인 역할도 없다.
오로지 내가 좋아하는 복장으로, 나에게 맞는 스피드로, 내가 달리고 싶은 주로를 따라 달리면 그 뿐이다.

경기의 내용도 스스로 만들어가며, 경기의 결과도 본인이 만든다. 서서히 찾아오는 고통을 인내할 준비만 되어 있으면 되는 것이다.

마라톤을 선택한다는 것

동물의 세계에서는 선택이란 개념이 존재하지 않지만 인간은 살면서 끊임없는 선택을 한다.

동물은 태어나면서부터 유전자 내에 다양한 반응체계를 지니고 있으며, 평생을 그 타고난 본능에 따라 반사적으로 반응하면서 산다. 즉, 동물은 배가 고프면 눈앞의 먹이감을 잡아먹고, 전방에 공격적인 물체가 나타나면 조건반사적으로 달려든다. 동물의 행동은 생각이고 뭐고 없어 보인다. 따라서 책임이 수반되지 않으며, 스스로 운명을 결정하지도 않는다.

그러나 사람은 다르다. 사람은 이성으로 본능을 억제하기도 하고, 감정흐름의 속도를 조절하기도 하는데 그것이 문화이자 교양이다. 오늘날 생활형편이 어려워지면서 흉악범죄가 증가하는 것은 삶에 지친 인간의 감정억제기능이 약화되었기 때문일 것이다. 만일 인간마저도 본능에 따라 행동을 한다면 이 사회는 혼란에 빠져 더 이상 존립할 수 없을 것이다. 인간은 교육과 생각을 통해 부드러워진다.

본능을 억제하고 사는 인간은 그 대신 무수히 많은 이성적 선택을 하면서 산다.

아침에 눈을 뜨면서 세수를 먼저 할 것인가, 식사를 먼저 할 것인가, 오늘 비가 조금 온다고 하는데 우산을 가지고 나갈 것인가, 그냥 나갔다가 비가 잠시 그쳤을 때 활동을 할 것인가. 이런 것들이 알게 모르게 선택의 대상이다.

대개 돈과 권력이 많다는 것은 선택을 할 수 있는 옵션이 많다는 것인데 정신적으로나 물질적으로나 옵션이 많으면 그만큼 사는 재미도 더 있을 것이다.

어떤 주장에 의하면 인간은 매일 1백 회 이상의 생활 선택을 한다고 하니 1년이면 3만6천5백 회의 선택을 하는 셈이다. 나이가 50

살 넘은 사람은 계산상으로 현재까지 대략 2백만 회 이상의 선택을 하고 산 셈이다.

감이 잘 오지 않는 계산 수치이나 우리가 알게 모르게 많은 택일(擇一)의 순간을 맞으면서 사는 것만은 분명하다.

개인마다 살아 온 이력과 관심에 따라 선택패턴은 달라질 것이며, 오늘의 내 모습은 과거 수많은 선택의 결과이다.

헤아릴 수 없이 많은 선택 가운데 오늘날 나를 있게 하고, 이나마 오늘의 모습을 갖추게 한 요소 가운데 중요한 하나로 나는 주저 없이 마라톤을 선택하게 된 것을 손꼽고 싶다.

마라톤을 경험해 보자고 생각하게 된 선택과, 그 선택을 실행에 바로 옮긴 선택, 일상생활 속에서 어느 순간 마라톤을 떠 올리고 짬날 때마다 귀찮은 몸을 이끌고 달리기를 하러 나간 선택들이 모여 오늘날 나의 마라톤 역사가 된 것으로 볼 수 있다.

마라톤을 해보자고 선택한 배경에는 과거 달리기에 대한 즐거운 추억이 바탕이 되었다. 학창시절의 체육시간, 2열 종대로 열을 맞추

어 운동장 바퀴를 도는 것은 그 다음에 예정된 다른 운동을 하기 위한 몸 풀기 과정에 불과했으나, 몸이 서서히 풀리면서부터는 늘 그 달리기에 아쉬움이 남아 있었다.

요즘도 마라톤클럽에서 동료들과 2열 종대로 열 맞추어 달릴 때는 그 시절의 기억이 오버랩 되어 더욱 즐겁다.

그렇게 달린 지가 이제 10년이 넘었는데도 지겹다는 생각이 들지 않는다.

나에게 어느 수준의 다리만 갖추어져 있고, 달리고자 하는 의욕만 있으면 언제 어느 장소에서든 시작할 수 있는 것이 달리기이다. 특별한 복장이나 도구가 필요하지도 않으며, 많은 돈이 들지도 않는다.

커다란 용기나 배짱이 있어야 하는 것도 아니다. 그냥 그대로 실천만 하면 되는 것이 달리기이다.

기초 실력이 필요한 것도 아니며, 사전에 여러 가지 지식이 필요한 것도 아니다. 돈을 내고 학원에 가서 배울 것도 없다.

구체적으로 어디를 잘못하여 망신을 당할 것도 없고, 어떻게 해야 할 지 막막한 것도 아니다. 문화적으로 제약을 받거나 종교적으로 인종적으로 달리 취급 받을 일도 없다.

그야말로 가장 원초적이고도 단순한 운동이다. 달리기가 힘들어 걷는다 해도 누가 뭐라 할 사람도 없다. 이처럼 쉽고도 자유로운 운동이 어디 또 있는가?

오늘날 우리나라에도 마라톤 인구가 급속히 늘어 수백만 명이 된다고 한다. 우리나라 인구의 대략 10 퍼센트가 넘는다. 마라톤 인구에 포함되기 어려운 유아나 어린이, 고령자나 환자 등을 제외하면 그 비중은 더 커지게 되는 셈이다.

그래서 요즘은 마라톤을 취미로 한다고 하면 으레 자기 주변에도 마라톤을 한다는 친구가 있다는 말을 쉽게 듣는다. 그렇게 많은 인구가 마라톤에 입문해 있는데도 불구하고 아직 마라톤이 남의 일 같이 느껴지는 경우가 많은 것도 현실이다.

그건 아무래도 42킬로, 1백리 길을 뛰어 가야 하는 마라톤이 주는 부담스러운 이미지 때문일 것이다.

근본적으로 몸을 움직이는 것 자체를 싫어하는 사람 말고도 평범한 사람이 일상생활을 하다가 아무 준비도 없이 1백리 길을 달려야 한다면 그것은 정상적인 관념을 넘는 것이며, 그런 이미지가 또한 마라톤의 한계이자 매력인 것이다. 그 한계가 또한 도전을 하게 하는 요인이 되기도 한다.

나 역시 그러했다.

나의 체력의 한계는 어디까지인가? 나는 어느 정도의 능력을 타고 났으며, 만약 그러한 능력이 내게 존재한다면 어떻게 알 수 있는가? 그것을 확인하기 위해서는 한계까지 도달해 보는 것이다. 능력의 한계를 넘어서면 목숨이 요구된다는 것은 일반적인 상식.

평범한 시민이 그 상식의 범주를 벗어나지 않으면서 안전하게 간헐적으로 한계를 맛볼 수 있도록 해주는 것이 마라톤이었다. 마라톤은 나에게 목숨을 요구하지도 않으며, 가다가 힘들면 중도에 포기할 수도 있다.

거기까지가 나의 육체적, 정신적 한계라고 받아들이면 되는 것이다. 이 점이 최초의 마라톤에 대한 나의 이해이자 도전이었다.

그러나 나에게 있어서 첫 마라톤은 적어도 장난스러운 동네 달리기는 아니었다. 나는 처음부터 아무 연습 없이 풀코스를 도전했지만, 초등학교 운동회 나가듯 출전한 것은 아니었다.

나의 마라톤 도전은 어쩌면 내 능력에 대한 궁금증이기도 했지만 프로 마라톤 세계에서 선수들이 느끼는 인간의 극한적 한계와 그것들을 극복하는 어려움, 그리고 그 이후의 성취감이 어떤 것인지 맛보기 위한 것이기도 했다.

프로선수들이 체험하는 마라톤의 고통스러운 핵심적 진수를 나도 체험해 보겠다는 막연한 기대였다.

그 기대 때문에 나는 체력의 한계와 동시에 지식의 한계도 동시에 맛봐야 했다. 지식의 한계는 실제 마라톤 대회에 참가하여 곧 드러났다. 20킬로까지는 엉겁결에 갈 수 있었으나, 그 이후부터는 마라톤이 주는 여러 가지 재미있는 체험을 했다.

배고픔을 참지 못해 주로에서 나누어 준 바나나를 껍질과 줄기 모두 씹어 먹은 일, 그래도 허기가 가시지 않아 길거리 상점에 들어가

서 우유와 빵을 구걸해 얻어먹은 일, 거리 표시도 없는데다 초행길 이어서 얼마나 더 가야 골인 지점이 나오는지 막연했던 일 등이 그 일부였다. 또한 완주하고 나면 바로 중환자가 될 것으로 생각한 나머지 다음날 미리 회사에 휴가를 냈었는데 의외로 휴가일 오전이 지나자 피로가 거의 회복되어 나머지 절반 휴가를 무료하게 뒹굴뒹굴 보냈던 일, 동반주자가 먹는 초코파이를 얻어먹고 싶었으나 용기를 내지 못했던 일 등 여러 가지 기억이 지금도 새롭다.

그런 초보로서의 경험은 필연이긴 했으나, 나는 그것도 마라톤의 일부로 받아들이지 않을 수 없었다. 나는 그런 것을 체험하기 위해 도전했고, 그런 것들이 재미있는 추억거리가 되기 때문이다.

나중에 알게 된 것은 내가 당시 경험한 것은 실제 선수들이 경험하는 것과 다소 차이가 있다는 것이었다. 프로선수들은 복통이나 구토가 나온다거나, 숨이 턱까지 터질 듯 차는 것, 다리에 쥐가 나는 증세 등이고, 나에게는 배가 고프다거나, 그래서 돈이 필요하다는 것 등이었다.

그러나 선수들이 체험하는 것도 마라톤, 내가 처음 체험한 것도 마라톤인 것만은 분명했다. 나는 지금도 호기심을 못 참아 아무 준비도 없이 무모하게 마라톤 풀코스에 첫 도전한 것에 대해 후회하지 않는다.

　마라톤 완주는, 매일 비슷하게 반복되는 일상생활에서 벗어나 어떤 특별한 계기를 만나 작심을 하고, 이를 결단코 실천했을 때에야 맛볼 수 있는 짜릿한 경험이기 때문이다.

　마라톤에 도전해 본다는 것은 그런 의미를 가지는 일이었다.

세상과의 접속을 위해
유입되는 주자들

마라톤 대회에 나가면 대개 일정구간 마다 기록체크장치를 설치해 두는데, 그 위를 통과할 때는 참 묘한 느낌이 든다. 기록체크 장치를 넘을 때마다 '찌르릉'하고 울리는 전자음은 소리인지 느낌인지 알 길이 없다. 대회 주최 측이야 우리가 제대로 전 구간을 달리지 않고 비겁한 방법으로 완주를 했다고 주장할까 봐 설치해 둔 장치이겠지만 우리는 아무래도 좋다.

'그래 우리가 여러분들이 설치해 둔 구간을 모두 통과하고 있으니 제대로 확인하고 계측장치 고장이나 내지 마라' 하면서 이곳을 통과하지만 늘 마음 한구석에 덤으로 다른 느낌까지 들게 한다.

그것은 우리가 코스이탈을 하지 않고 정확히 달리고 있다는 것 이외에 그 장치에서 뽑아져 나온 전자파가 우리 몸을 통과하여 저 푸른 하늘로 연결된다는 느낌이란 말이다. 땅과 하늘의 중간 어디쯤에 위치해 있다는 우리 인간의 존재를 확인하기 위해 이제까지 지구표면을 양 발로 두드리다가 이 기록 장치에서 중간 점검을 하게 되는 것이다.

'찌르릉' 하는 음이 온몸에 느껴지는 순간, 나에 관한 정보는 실시간으로 대회 본부에 전달되겠지만, 나는 이 장치가 나를 감전시키는 것은 아니겠지 하면서도 가급적 그 시설을 밟지 않고 타넘기 위해 껑충 뛴다. 그렇게 뛰어 넘는 것에 1초라도 기록을 앞당겨 달라는 내심의 바람을 담고서.

내 앞에 달려간 무수히 많은 주자들이 감전되지 않고 통과를 했으니 나도 잘 통과하겠지 하는 생각으로 그 지점을 지나면 그날 마라톤의 일부 챕터가 완성된다. 그리고 그 지점을 통과하자마자 바로 다음 기록체크 지점을 기다리는 마음이 새로 생긴다.

지루하게 반복되던 마라톤에서 기록 장치는 대나무로 비유하면 마디 역할을 한다. 무아지경 상태로 달리는 주자는 이곳을 지나면서 새롭게 깨어나 심신을 가다듬고 시계도 한번 보고 새 출발을 하는 것이다. 에너지 충전을 위한 분수령 같다.

이런 기록장치가 1개 더 늘어나면 우리는 에너지를 한 번 더 충전함으로써 기록을 1분 정도는 당길 것 같은 예감도 든다.

찌르릉 인지 따르릉 인지 잘 구분되지 않는 이 소리는 우리가 마라톤에서나 인생살이에서나 크게 일탈해 있지 않았음을 증명해 주는 신호음이기도 하다.

주자들은 마라톤을 통해 많은 사람을 만나고, 많은 군중의 구성원으로써 소속감과 생존 의식을 갖는데, 몸에 붙은 전자 칩에서 시작된 기계음이 온 몸으로 퍼져 흐르고, 각 주자들을 통한 전자파는 보이지 않는 공중에서 거미줄처럼 네트웍을 형성하여 세상과의 접속을 위한 거대한 소통체계를 이루어 나간다. 결국 그 신호음으로 인하여 나는 무리의 일원이 되는 자부심을 갖게 되는 것이다.

뛰고 나면 떠오르는 휴먼 스토리

축! 4번째 '서브-3' 달성

동아마라톤 후기

그것은 마치 장대높이뛰기를 하는 느낌이다.

바(Bar)는 도달하지 못할 높은 곳에 매달려 떨어질 준비를 하고 있고, 장대는 항상 흐양흐양하다. 나는 휘어지는 장대를 짚고 그 바를 넘어야 한다. 아슬아슬하고 극적이다.

역사적으로 고정되어 전해오는 42.195킬로.

이 정교하게 세팅된 거리를 나는 1년에 한번 씩은 정색을 하고 달린다. 그것은 그 해 체력을 점검하는 기회이며, 또한 종종 흐트러지는 정신을 가다듬는 이벤트가 되기도 한다.

'동아 마라톤'이 그것이다.

'서브-3를 처음 하는 것도 아닌데 자꾸 해서 무슨 소용인가?'

연습을 하면서 끊임없이 스며드는 그런 의문은 대회가 다가오면서 사라진다.
싸우듯이 달리리라. 전략적으로 임하고, 한 순간도 방심하지 않으리라. 출발선에 서면 가슴에 솟는 이런 각오들.

이제 신호가 울리면 1백리 먼 길을 나의 힘만으로 달리는 것이다.

어떤 상황이 도사리고 있는지는 아무도 모른다. 여러 형태의 상황을 극복하는 지혜가 필요할 뿐이다. 무리한 달리기는 금물!

금년에는 서브-3에게 주어지는 '명예의 전당'이라는 명예로운 출발지점을 배정받았다. 우리는 주변의 명예로운 주자들을 서로 명예롭게 만나는 기회를 가졌다. 그들은 나를, 나는 그들을.

나는 '서울국제마라톤'이란 이름보다는 '동아 마라톤'이란 이름이 좋다. 손기정과 동아일보가 만들어 낸 당대의 사건을 연상케 하고, 대대로 무림의 건각들이 가슴 터지게 달렸던 흔적도 역력한 고고(孤高)의 이름.

그래서 그 이름에는 엄숙함과 긴장감이 도도히 배어 있다.

내가 동아마라톤을 진지하게 달리는 이유도 감히 손기정 같은 역사적 인물을 페이스메이커로 삼을 수 있는 까닭이다. 마라톤 첫 도전도 동아마라톤이며, 최근 3번의 서브-3도 모두 이 대회에서 달성했다.

약간의 식사조절은 금년에도 출발선의 컨디션을 상쾌하게 해 주었다.

나는 매 5킬로를 21분에 달릴 계획이었다. 그것은 중반까지 최소한의 목표이며, 이것이 안 되면 나의 정신력은 급속하게 해이해 진다. 그 속도가 몸에 배어 있어서 더 빨라도 늦어도 안 된다. 그런데 묘하게도 그 속도가 지켜져서 일정한 구간속도가 나온다.

출발신호에 따라 우리는 뻥튀기 깡통에서 튀밥이 문밖으로 튀어나오는 것처럼 터지며 나간다. 기다리는 설렘은 약간의 초반 서두름을 반드시 초래한다.

나는 최초 5킬로를 20분 30초에 도달했다. 목표대비 30초가 남는다. 세이브 된 30초를 다음 5킬로에서 쓰려고 속도를 억제하고 참았으나 여전히 비슷한 속도가 나왔다.

10킬로 40분 49초.

나는 모든 정신을 나의 발과 다리에 쏟는다. 그리고 내뻗는 한걸음 한걸음에 정성을 담는다. 몸 안에 정말 기(氣)라는 물질이 존재한다면 그것들을 모두 다리 쪽으로 모으는 것이다.

그런 것이 동아마라톤을 대하는 나의 예의이고, 기록에 도전하는 자세이다.

하프까지가 1시간 27분 20초. 목표보다 여전히 30초 가량 이르다.

속도를 늦추고 전신의 힘을 뺀다.
'흐르듯이 달리자'

그것이 30킬로 이후를 대비하는 길이었다.
30킬로 지점은 2시간 5분 16초에 도착했다.
5킬로 마다 거리 표시를 해 둔 주최 측이 고맙다.

5킬로 단위로 시간 점검하는 나를 위한 준비 같다.
남은 12킬로를 위한 에너지 점검.
충분하고 든든하다.

주변에 걷는 사람들이 많아진다. 나는 신체 각 기관의 반응을 살피며 보수적인 달리기를 택한다. 나와 주변 동료가 만드는 발자국 소리가 다정하고 정겹다.

그렇게 1백리 길.

그 먼 길, 긴 시간을 쉼 없이 달리고 있는 53살 스스로가 신기하고 경이롭다. 그것이 어떻게 가능하게 되었는지는 그러나 나 자신도 알 수 없다. 인체의 무한한 복잡성 때문일 게다.

40킬로는 2시간 49분 6초에 지난다. 다시 서브-3가 될 것 같은 확신이 생긴다. 그 확신은 새로운 에너지를 공급해 준다. 깡과 악도, 'ㄱ'부터 'ㅎ'까지의 아는 사람 이름들도 떠오른다.

잠실운동장 입구에 도착하면 응원하는 인파들에 휩싸인다.
흡사 올림픽 우승처럼 나는 들뜬다.
그리고 우레탄 깔린 트랙을 돌면서 골인한다.

포근하고 통쾌하다.
15회 가량의 완주를 했지만 그 뒷맛은 언제나 다르다.

　2시간 58분 41초.
4번째 서브-3의 바를 넘은 것이다.

　그 동안 나는 서브-3를 수십 회씩 달성한 사람들은 뛰기만 하면
저절로 서브-3가 되는 줄 알았다. 그러나 그런 나의 생각은 고쳐졌
다. 시속 14.2킬로의 속도로 1백리 길을 자동으로 달리는 사람이 어
디 있겠는가?

　마라톤은 고도의 자극적인 운동이다. 그리고 적극적인 삶의 표
현방식이다.
그냥 두면 시들어버릴 지도 모르는 평범하고 나른한 일상에 전기충
격을 가하는 것이다. 자극을 주면 세포가 활동하고, 생명이 솟는다.

　마라톤과 내가 서로 지탱하는 이유가 그것이다.

산악도 달리기

마라톤에 어느 정도 심취하다 보면 필연적으로 산악마라톤과 만나게 된다. 산악마라톤이란 말 그대로 산길을 오르락내리락 달리는 것이다. 산봉우리를 대 여섯 개 넘고 개울도 뛰어서 건넌다. 산은 오랜 세월의 퇴적과 풍파를 거치면서 깊은 역사성과 섬세한 자연이 숨어 있는 것인데, 그것을 조용히 음미하지 못하고 성급하게 쿵쾅거리며 주마간산 뛰어다니는 행위는 자연에 대한 결례라는 생각이 산악마라톤을 할 때마다 떠오른다.

산을 달리는 계기는 마라톤 연습을 위해서 산을 달리기도 하고, 주변에서 개최되는 산악마라톤에 참가하는 동료들의 권유도 있다. 아예 산악마라톤만을 전문으로 하는 사람들도 많이 있다고 한다.

평지에는 인간이 살고 산에는 짐승들이 주로 살아서 그런지 산악마라톤을 하다 보면 자신이 짐승이 되는 듯 한 느낌이 간혹 든다. 산악마라톤에서 부딪히는 동료들 또한 유사한 느낌이다.

이들은 대개 검은 피부에 매서운 눈초리, 강인한 인상, 스포츠맨 같은 몸매, 그에 걸 맞는 복장들로 인해 군 특수부대원을 연상케 한다.

마라톤 대회에는 참가하지 않으면서 산악만 전문적으로 달리는 인구가 전국에 또 그렇게 존재하고 있다는 사실을 난 산악마라톤 대회 현장에서 처음 알게 되었다.

산과 함께 하며 산악을 달리다 보니 그들의 별명도 다양했다. '산도깨비'니, '번개'니 하는 것들이 그런 것이다.

나도 몇 차례 산악마라톤에 참가했었다. 산악마라톤은 도로 마라톤에 비해 더욱 서바이벌 정신을 요한다. 산에서 길을 잃어버리기 때문이기도 하지만, 호흡 사용법 때문이기도 하다.

마라톤을 할 때는 대개 호흡능력의 70~80% 정도를 유지하며 달리며, 그 도를 넘으면 오버페이스가 된다. 그러면 후반을 달리지 못하게 된다. 그래서 일정한 속도를 유지하는 것이 중요하다. 그게 전략이다.

그러나 산악마라톤은 처음부터 호흡능력의 거의 100%를 쓴다. 출발하자마자 바로 숨이 목구멍까지 찬다. 그리고는 악으로 깡으로 간다. 오르막에는 더 큰 악이 필요하다.

사람들은 무엇에 홀린 사람처럼 마구 내달린다. 경치가 눈에 들어오긴 하나 구경은 뒷전이다.

신기하게도 오르막을 오를 때 다해진 기력은 내리막에서 다시 솟는다. 주자들은 KO승과 KO패를 순간순간 경험한다.

사람들은 산을 달리면서 점차 야수로 변해간다. 그들은 오르막을 오를 때는 두더지가 된다. 낮은 자세로 땅에 붙어 산의 피부를 더듬는 두더지이다.

평평한 산길이 나타나면 들개가 된다. 나무를 휘감고 바위를 짚으며 점프한다. 그들의 정신은 거칠어진다.

내리막이 나타나면 호랑이로 돌변한다. 작은 바위언덕은 타넘고 돌부리를 건넌다. 다리에 힘을 주어 언덕 아래로 떨어지지 않도록 하고 발목에도 기를 불어 넣어 넘어지지 않도록 한다.

나무뿌리 하나에도 걸리지 않도록 눈에 불을 켠다. 떨어지면 끝장이다.

거의 짐승이다. 다시 문명으로 돌아가지 않는다면 그대로 온전한 짐승이 될지 모른다.

그들은 스스로 나른한 일상보다는 이런 거친 삶을 즐기는 것이다. 그래서 반복되는 인생의 각 챕터에 간지처럼 이런 것들을 삽입한다. 고상한 인간의 삶의 챕터에 때때로 야성 본능이 끼워지면 일상의 호흡과 맥박은 더 살아나지 않겠는가?

칠갑산 산악 마라톤

〈콩밭 메는 아낙네야〉로 시작하는 칠갑산.

그 칠갑산 도립공원 산악 마라톤을 호기심 삼아 다녀왔다. 산을 다녀왔다고 말하려면 그래도 어느 정도는 외진 구석을 관찰하고 왔어야 하는데 나는 달리는데 정신이 팔려 구경할 여가는 없었다. 내가 구경한 곳은 산 입구와 산기슭 정도였다.

산을 그냥 스치고 지나 왔을 뿐, 그 산의 내면을 읽어 보지는 못했다. 입구에서부터 장식되어 있는 여러 장승들이 나를 맞이했는데, 아마도 처음에는 서로가 무엄하다고 생각했을지도 모른다.

칠갑산 산악 마라톤 대회는 충남 청양에 있는 장곡사 입구 주차

장에서 출발하여 인근 칠갑산 일대를 달리는 것이었다. 거리는 산길 15킬로.

칠갑산 자락에 장곡사가 있고, 서울에서 가려면 장곡사를 가기 전에 마곡사가 있다.

마곡사는 내게는 의미 있는 산이다. 나의 결혼식 주례를 맡아 주셨던 '연정 임윤수' 선생께서 자주 들러 머무르시던 곳이다.

'연정' 선생은 내가 신출내기 신문기자였을 때 출입처에서 처음 만났다. 짧은 인연으로 만났음에도, 나이 차이가 거의 40살이 넘었음에도, 선생과 나는 쉽게 가까워졌고, 급기야는 결혼 주례까지 부탁하는 관계로 발전했다.

연정 선생은 내가 서른셋에 장가를 갈 때 이미 70을 넘어 중반에 계셨다.

그 분께서 사시는 곳이 대전이었고 나는 서울에서 결혼을 했으니 주례를 위해 일부러 서울까지 오셔야 했다. 주례시간보다 교통시간이 훨씬 더 길었을 것이다.
연정 선생은 자유인이었다. 그는 행동에 주저함이 없었고, 가진다는 것에 미련도 없는 듯 보였다.

그는 한평생 국악에 심취하여 악기를 연주하고, 후에는 국악단 지휘자를 했는데 평생 모은 국악기와 국악자료를 대전시에 무료로 던지듯 기증했다. 돈으로는 환산할 수 없는 엄청난 금액이라고 한다. 지금의 '대전시립 연정국악원'이 그래서 탄생했다.

그 노인은 욕쟁이였다. 그의 욕은 거침이 없었다. 신문 기자인 나를 처음 만났을 때도 '기자 나부랭이'라고 나를 불렀다. 그러나 어찌 된 일인지 나는 그 욕에 반감이 들지 않았고, 다른 사람들도 노인의 욕을 친근한 언어로 받아 들였다. 표현되는 언어와 언어에 숨은 의도의 차이 때문일 것이다.

내가 그 노인에게서 가장 감명 깊게 받아들인 것은, 그리고 지금도 가장 생생히 기억하고 있는 것은 노인의 기다림이었다.

내가 선생을 찾아뵙겠다고 연락하고 선생 집을 방문하면 선생은 언제나 대문 밖에서 나를 기다리고 계셨다. 한복을 바람에 날리며, 얼굴에 긴 주름과 감겨 질 듯 한 눈이 어우러진 모습을 하고선 말이다.

선생은 나와 헤어질 때는 늘 대문 밖까지 배웅을 해 주셨다. 내가 길모퉁이에서 사라질 때까지 대문 안으로 들어가시지 않으셨다. 모퉁이에서 이제 선생을 정말 뵐 수 없을 때는 나는 다시 인사를 드렸고 선생은 손을 흔들어 주셨다. 선생의 흔들리는 손은 낙엽 같았다. 우리는 항상 그렇게 헤어졌다.

나는 선생의 이와 같은 아름다운 배려에 깊은 감명을 받았고, 그 바람 같은 이미지를 오래 간직하고자 결혼 주례로 모신 것이다. 나는 선생의 마곡사 추억을 더듬으며 산악마라톤 대회를 참가했다.

나는 산악 15킬로를 1시간 34분에 달려서 일반부에서 9위를 했다. 1킬로당 6분의 속도로 산길을 달린 셈이다. 나는 거의 1시간 30분 이상을 100%에 가까운 강한 호흡을 몰아쉬며 산악을 달렸다. 산의 깊이만큼이나 산악마라톤의 깊이도 더해서 하루 이틀 지나면서 근육 곳곳에서 가벼운 통증과 욱신거림이 나타났다 사라졌다 한다. 하지만 이 통증 또한 지나갈 것이다. 연정선생의 흔들리는 낙엽 손 처럼.

해병대 시계

나는 늘 해병대 시계를 차고 다닌다.

대학 재학 중 해병대를 지원 입대했던 나는 그 '해병'이라는 정신을 일상의 삶에 접목시키기 위해 의식적으로 노력한다.

나는 가끔 나 자신과 마주 대하면서 살고 있지만, 해병대 시계를 보는 순간 나는 나를 새롭게 보게 된다. 가끔 잊고 사는 나의 실체를 가끔 다른 모습으로 만나 나를 일깨운다.

내가 차고 있는 해병대 시계에는 특별한 사연이 있다. 물론 내가 해병대를 제대하여 과거에 대한 어느 정도의 향수 같은 것도 있겠지만 그것에 더하여 더 의미 있는 동기도 내재되어 있다.

나이 40대 중반쯤 되었을 때, 나는 그 동안 가슴 한 켠에 품고 있었던 마라톤에 대한 궁금증을 해결하기 위해 문득 풀코스 마라톤에 도전한다. 우여곡절 끝에 완주는 했지만 많은 고난을 겪었다.

이를 계기로 나는 내가 다니던 한국IBM의 단 5명밖에 되지 않았던 소규모 마라톤 동료들과 어느 정도 규칙적인 마라톤 연습에 돌입한다.

요즘에야 주변에 마라톤을 즐기는 사람들을 쉽게 발견할 수 있지만 1990년대 후반에는 마라톤이 대중에게 널리 보급되지 않았던 상황이었다.

우리의 정기적인 연습은 주 1회 한강 시민공원에 나가 5~10킬로 정도를 달리는 것이 고작이었다.

마라톤을 처음 시작하는 사람들이 대개 그렇듯이 처음에는 의욕과 열정이 넘쳐 연습에 임한다. 왜냐하면 마라톤이라는 극한 스포츠를 새로 시작한다는 자기 도전과 만족, 그리고 좋은 기록에 대한 욕심 때문이다.

나 역시 초보로서 거리는 그리 길지 않았지만 입술이 메마를 정도로 늘 최선을 다해 연습을 했다. 그 연습량에 따라 나의 실력도 정비례하여 향상되었다.

비록 장거리를 제대로 달릴 수 있는 실력은 되지 않았으나 10킬로 정도는 쉬지 않고 달릴 수 있다는 자신감도 생겼다.

그런 와중에 인터넷에서 마라톤 대회를 검색하던 나는 포항에 있는 해병대 본부가 부대 연병장에서 개최하는 마라톤 대회를 우연히 발견하게 된다. 내가 군 복무를 하던 바로 그 곳에서 마라톤 대회가 열리는 것이다.

나는 군에서 제대를 한 지는 몇 십 년이 지났지만, 평소 가끔씩 내가 근무하던 해병대 연병장이며 막사를 다시 한 번 가보고 싶었었다.

이런 생각을 가슴 한 켠에 간직하고 있던 차에 마라톤 대회를 그 곳에서 개최한다고 하니 눈이 번쩍 뜨이고 마음속에서 불길이 타 올랐다.

대회 종목은 5킬로와 하프, 그리고 풀코스까지 있었다. 특히 풀코스는 연병장을 돌아 나와 포항 시내와 우리가 훈련을 받던 천자 봉까지 왕복하는 코스로 구성되어 있었다.

천자 봉!

해병대 훈련소에서 거의 막바지 훈련에 다다르면 훈련의 성과를 체력으로 시험하기 위해 구보로 다녀오는 가슴 설레는 곳이다. 그런 천자 봉이니 기억이 새롭고, 이 기회에 한번 가보고 싶은 마음이 생기는 것은 자연스러운 현상이었다.

해병대 마라톤이 열린 계절은 무더운 여름 한 가운데였다. 뜨거운 햇빛에서 아직 덜 익은 마라톤 훈련생이 풀코스를 달린다는 것은 무리라는 생각도 들었다.

나는 5킬로 종목을 선택했다. 빨리 달리고 나서 해병대 막사며, 내무실을 가보고 싶은 마음도 작용했다.

경기 하루 전, 나는 포항으로 혈혈단신 내려갔다. 혼자 마치 전쟁여행이라도 하는 기분이었다.

인근 여관에 잠자리를 정하고 홀로 야밤에 포항 앞바다를 거닐었다.

대학을 갓 입학하여 가장 먼저 시도한 것이 자기 혁신이었고, 그 일환이 해병대 지원이었으니 해병대는 특수군대라는 의미 말고도 오늘 내가 존재하는 정신적인 근간이 되는 곳이다.

나는 홀로 깜깜한 포항 해변의 밤을 거닐면서 군대 생활에 대한 추억에 잠겼다가 내일의 마라톤 전투에 대한 정신무장을 가다듬다가를 반복했다. 여관에 돌아와 홀로 천정을 바라보며 누워 있으니 나도 모르게 군대 생활 3년이 요약 정리되어 흑백필름처럼 지나간다.

대회 날 아침.

나는 인근 식당에서 이른 아침 식사를 해결하고 곧 바로 대회장인 해병대 연병장으로 향했다. 대회장에는 민간인 보다는 해병대 현역 군인들이 더 많았다. 그들도 오늘의 선수였던 것이다.

그들보다 나이로 치면 곱절이나 많은 나였지만 나이 때문에 주눅이 들진 않았다. 나는 욕심을 내어 거의 맨 앞줄에 서서 출발을 기다렸다.
드디어 5킬로 대회 출발 총성이 울리고, 나는 선두권에서 강인한 인상의 다른 빡빡머리 후배들과 경쟁을 했다. 나는 5위 그룹 내에 포함되어 숨이 넘어 갈 정도로 달렸다. 5킬로인데도 오르막과 내리막, 비탈길을 모두 갖춘 코스였다. 나는 후배들에게 쳐지지 않으려고 숨 막히게 뛰었다. 나와 그들의 거친 숨소리가 뒤섞여 연병장 주로를 메웠다.

약 3백 명 가량의 참가자 가운데 나는 3위를 했다. 3위까지가 상품을 주는 입상자였다. 내가 현역 시절 때는 '높은 사람'만 올라갈 수 있었던 단상에 올라가 표창과 함께 해병대 시계를 부상으로 받았다.

부상으로 받은 시계에는 〈대한민국 해병대〉란 글씨가 선명하게 박혀 있었고, 뒷면 금속판에도 해병대 사령관을 의미하는 별 3개가 새겨져 있다.
이 시계와 나와의 특별한 만남은 그렇게 시작되었다.

시계를 들여다 볼 때마다 대한민국 해병대란 자부심과 해병대를 선택했던 스스로의 결정에 대한 긍지가 다시 생기고, 마라톤으로 입상까지 한 체력과 정신력을 되새길 수 있으며, 전날 밤 포항 해변을 거닐면서 추억에 잠겼던 기억들이 나를 새롭게 한다.

그날 숨차게 달린 순간이 해병대 훈련소에서 시궁창 훈련을 하던 일과 교차하며 떠오른다.

인생을 살다 보면 가끔 어려운 문제에 봉착되기도 하며, 나약해지려고 하는 스스로를 발견할 때 나는 이 시계를 보고 만진다.

그것이 나를 오늘날까지 지탱해 주는 정신적 에너지의 원천이다. 대회가 끝나고 나는 해병대 내무반과 PX를 들러 해병대를 상징하는 티셔츠며 버클 등을 구입하여 장롱 속에 간직해 두었다.

나이 50이 넘어 군대에서는 더 이상 쓸모없는 사람이 되고 말았지만 지금도 간혹 군대에 입대하는 장면은 꿈에 등장한다.

출발선에 다시 서며

마라톤의 겉모습은 고난이다. 그리고 숨겨진 모습은 혁신이다.

조금 극단적으로 표현하자면, 사람은 달리면 액티브(Active) 해 지고, 걸으면 센치멘탈 해 지며, 정지해 있으면 우울해 진다. 따라서 적극적이고 활력 있는 사람이 되고 싶으면 달리면 된다. 나는 이 점을 말하고 싶어서 이 책을 썼다. 달리기가 사람을 어떻게 개조하여 그 삶을 바꾸게 되는지를 보여주고자 하는 의도이다.

대개 머릿속을 흐릿하게 떠도는 생각들은 표현하면서 정리되고, 표현된 생각은 다음 생각의 진전을 위한 단서와 바탕이 된다. 인간의 창의성은 정리된 생각을 바탕으로 하며, 생각이 정리되면 비로소 주관과 소신이 생긴다. 생각은 또한 다른 상반된 생각이나 관련

없는 의견들과도 교류하면서 상승작용을 하기도 하며 부드러워 지기도 한다.

생각의 폭이 확장되면 상상력이 발전하여 삶이 즐거워지고, 그것이 개인의 메마른 생활을 윤택하게 해 준다.

마라톤을 하고 나면 대개 형성되는 것들 – 상쾌한 피로감, 묵직한 고통, 땀에 절은 신선함, 평소에는 의식하지 못하고 지내던 신체 각 부분의 새로운 존재감 – 이런 것들도 이 책을 정리하는 과정에서 조금씩 선명해지는 것 같았고, 그 선명한 생각이 또한 다음 생각을 이끌어 주었다. 아직도 많이 어설프긴 하지만 말이다.

나는 달리기가 사람의 심신을 일깨워 줌으로써 역동적인 삶을 제공한다는 것을 확실히 믿는다. 그리고 그 사례는 우리 실생활에서도 많이 찾아볼 수 있다.

마라톤 출발 대기 선에 서면 앞으로 펼쳐질 1백리 길의 공포와 예측하지 못하는 고통에 대한 두려움보다는 들뜬 기분과 상쾌한 마음가짐이 오히려 앞선다. 출발선에 서서 앞으로 다가올 고난과 어려움을 미리 걱정하는 주자는 별로 없다.

달리다 보면 마비 증세와 고통이 찾아 올 것이 분명한데도 아무도 그런 걱정을 하지 않는다.

주자들은 가볍고 기대에 부푼 마음으로 마라톤 출발선으로 향한다. 출발선의 아치는 희망의 상징이며, 그 아치를 통과할 때 대부분의 주자들은 최상의 컨디션이다.

인생도 마찬가지다. 살아가면서 부딪히게 될 고난과 어려움, 자기에게 주어진 숙명과 오늘날 삶의 처지를 어머니의 배 속에서 미리 예측할 수 있었다면 아마도 이 힘겨운 세상에 태어나는 것을 시도하지 않는 사람도 많을 것이다. 인생의 묘미는 어쩌면 앞날을 예측하지 못하는데 있을지도 모를 일이다.

탄생은 그 자체로 축복이다. 비록 현실의 삶은 힘겹더라도 말이다.

축복과 축제 속에서 화려하게 출발한 인생도 살다 보면 온갖 어려움에 부딪히고 좌절하기도 하지만 대부분의 사람들은 살면서 부딪히는 고통을 쉽게 포기하지 않고 주어진 현실을 헤치며 살아가게 된다. 그 과정에서 고난을 극복하는 내성과 지혜도 배양된다.

그렇게 성공과 좌절, 달고 쓴 경험들이 수십 년간 축적되면 사람은 누구나 살아가는 법을 터득하는 〈인생 마에스트로〉가 되는 것이다.

책을 출간하는 일도 유사한 일이다. 살아서 소원 이루지 못한 귀신이 저승에 안착하지 못하고 구천의 세계를 왔다 갔다 하는 것처럼, 마라톤을 하다 보면 머릿속에 마라톤의 정체에 관한 모호한 생각들이 출현해 돌아다닌다. 대개 취미 활동이나 운동은 별 생각 없이 그냥 재미있게 즐기기만 하면 되는데 마라톤은 그렇지 않다.

아마도 마라톤이 자발적으로 선택한 것이면서도 즐거움만 주는 것이 아니라 고통도 동시에 수반하는 것이기 때문일 것이다. 힘든 연습과 실전 과정이 여러 가지 고뇌와 생각을 하게 만든다.

마라톤은 연습을 한번 할 때도 기력이 다하는 한계까지 가기 때문에 고통을 한번 지나갈 때마다 마라톤이 주는 고난과 재미와 시간투자와 같은 것들에 대한 회의나 철학 비슷한 것들이 머릿속에 혼란스럽게 차지한다. 게다가 나이가 들면 체력도 줄어들고 골 밀도나 근력, 폐활량 등이 감퇴하여 자연스럽게 기록도 퇴보하게 되어 힘에 의존해야 하는 마라톤에 대한 흥미도 점차 줄어들지 않을 수 없다.

또한 활성산소가 생성되어 여러 가지 질병의 원인이 된다고 하기도 하고, 무릎연골이 닳아 재생되지 않는다는 등 여러 부정적인 소문들도 마라톤을 즐기는데 제법 역풍으로 작용한다.

마라톤에 관한 이런 잡다한 생각들을 그냥 두면 마치 소화가 되지 않고 뱃속에 남아 있는 음식물처럼 더부룩한 느낌이 든다. 하루 이틀 하고 그만 둘 마라톤이라면 그런 생각들을 굳이 정리할 마음을 먹지 않겠지만 10년이 넘게 심취해 왔고, 앞으로도 언제까지 하게 될 지 모르는 마라톤에 관한 생각들을 그냥 모호한 상태로 내버려 두는 것이 어디 쉬운가?

그래서 나는 마라톤 출발선에서 총성을 기다리는 가벼운 기분으로 이런 모호한 생각들을 정리하고자 시작했다. 평소의 생각과 메모들을 단순히 정리할 계획이었으나, 그 과정에서 새로 떠오르는 생각과 버려야 할 메모들이 많았다. 또한 10년이 넘는 생각과 메모들이다 보니 그 동안 몰랐던 점이나 사정이 달라진 것도 없지 않았다.

이제 마라톤 완주를 하고 나서 숨고르기를 하는 기분으로 각 꼭지들을 마감한다. 마라톤 30킬로 지점에 가까워지면 다시는 출발선에 서지 않겠다고 다짐하지만 골인을 하고 나면 생각이 달라지듯이, 마라톤에 대해서도 생각이 꼬리를 물고 일어나지만 여기까지 무사히 온 것에 감사하고 끝내고자 한다.

느지막 하도록 마라톤을 하려면 체력과 정신력이 함께 따라 주어야 하는데 그런 것들을 물려준 부모님께 감사드리며, 이번 책이 나올때까지 물심양면으로 도와 준 아내 신송례, 그리고 한웅, 지웅 등 두 아들에게도 고마운 마음을 전한다.

또한 부족한 원고를 출간해 준 이서원의 고봉석대표님께도 고마운 마음이다.

참고 및 인용 문헌

〈나는 아내와의 결혼을 후회한다〉, 김정운, 2009
〈꼭 알고 싶은 심리학의 모든 것〉, 강현식, 2010
〈괴짜 심리학〉, 리처드 와이즈먼, 2008
〈놀이와 예술, 그리고 상상력〉, 진중권, 2006

마라톤을 통한 의식계발서

마라톤 힐링, 삶을 바꾸다

1판 1쇄 인쇄	2013년 3월 8일
1판 1쇄 발행	2013년 3월 8일
저자	이병윤
펴낸이	고봉석
기획 및 편집디자인	어거스트브랜드
교정·교열	최성기
일러스트	이진이
펴낸곳	이서원
주소	서울시 서초구 신반포로 43길 23-10 서광빌딩 3층
전화	02-3444-9522
팩스	02-6499-1025
전자우편	books2030@naver.com
출판등록	2006년 6월 2일 제22-2935호
ISBN	978-89-97714-10-0